Die Omelettschule

Mit vielen Rezepten

Gero von Randow

Die Omelettschule

Ein Ei, eine Pfanne
und alles wird gut

DIE ZEIT

PRESTEL
MÜNCHEN · LONDON · NEW YORK

Vorwort

Eier gleichen einander wie, nun ja, ein Ei dem anderen. Für meine Omeletts gilt das nicht. Im Gegenteil. In meinem Leben habe ich, vorsichtig geschätzt, etwa 1000 Exemplare dieser besonderen Eierspeise zubereitet. Und mein Ehrgeiz besteht darin, immer wieder neue Varianten zu kreieren.

In den klassischen Kochbüchern finden sich schier unendlich viele Omelettrezepte. Nur leider sind die meisten veraltet. Diese leichte, elegante Speise kommt da beispielsweise in Begleitung schwerer Saucen auf den Teller oder verschwindet unter einem barocken Überbau aus Blätterteigtürmen und anderen dekorativen Architekturen. Man trifft auch auf Anregendes in den ehrwürdigen Kompendien, aber im Grunde muss alles neu entwickelt werden. Vielleicht ist dieses Büchlein ein Anfang der Omelettreform, nach der die Menschheit lechzt.

Omeletts zuzubereiten erfordert wenig Vorkenntnisse, ich empfehle es auch allen Novizen der Kochkunst. Aber es ist nichts für Verzagte. Sie müssen experimentieren und eigene Erfahrungen sammeln. Auch deshalb enthält dieses Büchlein weder Schritt-für-Schritt-Anleitungen noch abgemessene Mengenangaben, es ist kein Omelettbuch für Dummies, sondern eines für Abenteuerlustige. Viele Angaben sind Anregungen, das Universum des Omeletts auf eigene Faust zu erkunden. So viel Sicherheit sei allerdings versprochen: Ich habe alles eigenhändig ausprobiert.

Ich habe etwas Erfahrung am Herd und mir ein paar Handgriffe von befreundeten Profiköchen abgeguckt. Das kommt mir als Omelettkoch zugute, und Ihnen hoffentlich auch, denn Sie können diese Sammlung auch als eine kleine, wenngleich unsystematische Schule von Küchentechniken lesen: Wie bereiten wir eine Artischocke zu, wie gehen wir mit Pilzen oder mit Hummer um, solche Sachen. Unvollständig wäre das Buch außerdem, enthielte es nicht den einen oder anderen Exkurs zu benachbarten Gebieten. Die Kulinarik ist ein Universum, in dem alles mit allem zusammenhängt.

Von meiner Omelettmanie hatte ich den Kolleginnen der ZEIT erzählt, die das Ressort Z leiten, ein spielerisches Ressort. Und sie kamen allen Ernstes auf die Idee, daraus eine Kolumne zu machen, die 14-tägig erscheinen sollte. Ich hatte meine Zweifel, ob das nicht zu speziell, ja zu nerdig wäre. Doch siehe da: Die Leserpost war erfreulich, und oft wurde ich von Freunden und Bekannten darauf angesprochen, dass sie ein Rezept mit Erfolg nachgekocht hätten.

Eine Kolumne schreibt sich anders als ein Artikel oder ein Buch. Manches muss wiederholt werden. Aber wenn ich mir die 30 Folgen mit ihren über 100 Rezeptideen so anschaue, denke ich, dass die Wiederholungen eher hilfreich sind: Sie können jede Seite aufschlagen und loskochen. Ich wünsche Ihnen viel Spaß damit, Erfolg und ein lang gezogenes Mmmmhhh Ihrer Lieben, wenn Sie Ihr Omelett präsentieren.

»

Man nehme
30 Minuten
Aufmerksamkeit,
Konzentration
und Hingabe:
Das Omelett ist
ein Liebesbeweis.

«

Inhalt

Der lange Weg zum perfekten Ei

Eine Einführung

Omelett? Zack, zack, und fertig. Was wäre einfacher? So kann man es sehen. Keine Einwände. Aber alles lässt sich verfeinern; wie sehr und warum das schön sein kann, das sollen die folgenden Texte zeigen. Tatsächlich gibt es eine ganze Welt des Omeletts. Sie ist gewissermaßen vertikal und horizontal geordnet: vertikal, denn es existiert eine Vielzahl von Methoden, die Eimasse zu behandeln – vom Schlagen über die Beimischungen bis zur Art des Erhitzens und des Faltens; horizontal, denn die Varianten der Füllungen, Saucen und Garnituren sind ungezählt.

»So viel Lärm um ein Omelett«, lautet ein französisches Sprichwort, mit leichtem Kopfschütteln ausgesprochen, *tant de bruit pour une omelette*. Das Omelett ist in Frankreich weiblich. Klänge nicht auch in unseren Ohren »die Omelette« charmanter? Aber die Sprachregeln sind hart. Wir müssen das Omelett sächlich schreiben, dürfen es uns weiblich nur denken. Und werden es unausgesetzt verfeinern. Nichts gegen ein Fünfminutenomelett. Aber die Rezepte und Methoden, die hier vorgestellt werden, verlangen jeweils etwa 30 Minuten Aufmerksamkeit. Auch dann, wenn Sie kurz zuvor noch selig geschlafen haben und das Omelett ein Frühstück sein soll. In dieser halben Stunde existiert nichts Wichtigeres als die Zutaten, die Zubereitung, die Präsentation auf dem Teller.

Nur ein Omelett? Von wegen »nur«. Hingabe macht die kleinen Dinge groß. Das hat etwas Meditatives, Sie können es auch Zen nennen.

Ich nenne es einen Liebesbeweis. Jedenfalls wenn wir das Omelett mit aller erdenklichen Sorgfalt und Erfindungsgabe zubereiten und es sodann auf den Tisch oder ans Bett bringen. Haben Sie den Film *Ratatouille* gesehen? Da gibt es eine hinreißende Szene, in der die meisterlich kochende Ratte Rémy dem Küchenjungen, der sie gerettet hat, mit einem Frühstücksomelett dankt.

Omeletts passen zu jeder Tages- und Nachtzeit. Als meine Tochter zur Schule ging, bekam sie eins zum Frühstück, so wie jetzt an den Wochenenden meine Frau. Es eignet sich auch als leichtes Mittagessen oder nächtliche Stärkung. Und was trinken wir dazu? Das hängt ganz von den Füllungen, Beilagen und Saucen ab, doch am besten schmeckt mir dazu immer noch Tee. Morgens eher Kaffee. Einen passenden Wein habe ich trotz mehrerer Forschungsstipendien bisher nicht gefunden.

Anders als ich mögen manche Leute süße Omeletts, mit Zucker und Früchten. Dann ist diese Eierspeise ein Nachtisch. Doch wie auch immer, sie sollte stets leichtfüßig daherkommen, mag das auch täuschen. Einige der folgenden Rezepte haben es sogar schwer in sich.

Die Oberfläche aber muss fein bleiben, darf nicht rustikal werden. Daher eine Grundregel: Das Omelett darf keinesfalls anbräunen. Schon ein leichter Goldton macht aus ihm ein Bauernfrühstück. Das ist eine Speise, die auch ihre Berechtigung haben mag, aber nicht in diesem Buch.

LEKTION

1

BESORGEN SIE SICH eine Pfanne (20 oder 24 cm Durchmesser), egal ob beschichtet oder nicht, die Fläche muss nur glatt sein. Am besten, die Pfanne ist schon länger in Gebrauch, weil sich dann ein leichter Fettfilm darauf befindet. Sie benötigen einen dünnen Spatel (gern aus Plastik), einen Schneebesen und zwei runde Schalen, in denen Sie die Eier schlagen. Wieso zwei? Wird später verraten.

Haben Sie noch genügend Tabasco- und Worcestershiresauce, Sonnenblumen- oder Maisöl sowie weißen Pfeffer im Haus?

Nicht simpel, sondern fein, bitte schön!

Basis-Omelett

Eier verquirlen, mit Fett erhitzen, rechtzeitig vom Herd nehmen und falten. Simpel. Aber wir wollen ja nicht simpel, sondern fein, und da gibt es einiges zu bedenken. Beginnen wir mit dem Grundrezept; die Mengenangaben gelten für ein Omelett, das sich zwei Personen teilen.

Pfanne auf kleinste Hitze, weißen Pfeffer hineinmahlen, damit er sein Aroma entfaltet. Ich hacke eine Schalotte sehr fein, gebe einen guten Esslöffel Butter (nicht Öl) in die Pfanne; sobald die Butter zerschmolzen ist, rühre ich die Schalotte hinein. Sie darf nicht braun werden; ist sie glasig, ziehe ich die Pfanne vom Herd.

Währenddessen trenne ich sechs Eier. Warum trennen? Weil ich erst das leicht gesalzene Eiweiß schlage, bis obenauf ordentlich Schaum schwimmt, für die Konsistenz. Ins Eigelb gebe ich einen Schuss Tabasco, einen Schuss Worcestershiresauce und einen guten Esslöffel Sonnenblumen- oder Maisöl, ebenfalls für die Konsistenz. Schlagen. Danach verrühre ich Weiß und Gelb gut miteinander. Die Tradition fordert just das Gegenteil, nämlich Weiß und Gelb werden nicht getrennt, sondern so vorsichtig mittels einer Gabel vermischt, dass Schlieren sichtbar bleiben. Nun, probieren Sie beide Methoden aus!

Manche ziehen das reine Eiweiß vor, mir ist das zu mager. Andere geben zusätzliche Eigelbe hinein, um das Omelett anzureichern – kann man tun, ich finde aber die natürliche Balance aus Weiß und Gelb perfekt. Was ich ebenfalls nicht beifüge, sind Mehl oder Milch. Die ergeben Gerichte, die eher Pfannkuchen oder Rührei sind.

Die Pfanne bleibt immer noch auf kleinster Hitze, nur eine kleine Kelle des angerührten Eis kommt hinein. Das ergibt einen wenige Millimeter dicken Film. Nach kurzer Zeit runter vom Herd und warten, bis sich die Wärme an die Oberfläche gearbeitet hat und das Ei stockt. Dann mit dem Spatel zu einem Halbmond einklappen, und nun der Trick, ich kenne ihn aus Japan: Wieder eine Kelle in die Pfanne, den Halbmond leicht mit dem Spatel anheben und das flüssige Ei auch unter den Mond laufen lassen. So verfahren Sie mehrere Male; der letzte Halbmond wird seinerseits quer halbiert, damit es zwei Portionen werden. Die Mühe lohnt sich. Das Omelett besteht aus feuchten Schichten und sieht aus wie ein Baumkuchen, außerdem können Sie mit den Schichten experimentieren; wie, das erfahren Sie auf den folgenden Seiten.

Das Basis-Omelett ist bereits ein komplettes Gericht, aber Sie können noch etwas für den Geschmack tun: Erstens mit einer Messerspitze Butter überglänzen und zweitens etwas Frisches danebenlegen, ein paar Späne rohe Zucchini beispielsweise, die eine Spur Zitronensaft, Salz und Pfeffer mitbekommen haben.

LEKTION 2

BASIS-OMELETT

Für 2 Personen
6 Eier
weißer Pfeffer
Salz
Butter
1 Schalotte
Tabascosauce
Worcestershiresauce
Sonnenblumen- oder Maisöl

GRUNDREZEPT

1. Butter, Pfeffer, Schalottenwürfel anschwitzen.
2. Eier trennen, Eiweiß salzen und schlagen.
3. Öl, Tabasco- und Worcestershiresauce ins Eigelb und schlagen.
4. Die Massen mischen.
5. Dünne Eimasse-Schicht in der Pfanne leicht stocken lassen, mit Spatel falten und nächste Schicht auf dem ganzen Pfannenboden verteilen, wieder falten et cetera.

habitat

Herzhaft pulverisiert
Omelett mit Käse und Speck

Speck und Käse sind klassische Beigaben der Omelettküche. In gröberen Zubereitungen finden sich dicke Speckwürfel, und beim Essen entstehen Käsefäden. Wir gehen anders vor.

Zunächst der Speck. Entweder schneide ich sehr dünne Scheiben durchwachsenen Speck. Die lege ich mit wenigen Tropfen Öl (das hilft, den Speck gleichmäßiger zu braten) in die kalte Pfanne und erhitze sie auf kleinster Flamme, bis der Speck ausgelassen ist. Die herrlich mürben (nicht: schwarzen!) Streifen lege ich sodann aufs Küchenkrepp. Sie kommen später aufs Omelett. Oder ich brate Würfel, nach der gleichen Methode – und dann hacke ich die auf dem Krepp getrockneten Würfel zu einer Art Speckpulver. So fein es irgend geht. Das Pulver wird übers Omelett gestreut. Beide Verfahren setzen voraus, dass der Speck viel Zeit hat. Beginnen Sie seine Zubereitung, bevor Sie sich den anderen Dingen widmen, die Zeit reicht dann aus. Für die zweite Variante gibt es zum Speck eine Alternative: Brot. Sie nehmen irgendeines mit feiner Krume, entrinden und frittieren es kurz. Anschließend zum Entfetten aufs Küchenkrepp und zu Pulver verarbeiten.

Nun der Käse. Ich benutze meist Parmesan. Den reibe ich, statt ihn in Streifen zum Omelett zu geben. Und da ich ja nach der japanischen Halbmond-Methode arbeite, also stets nur eine kleine Kelle Eimasse in die Pfanne gebe, falte, dann wieder eine Kelle usw. (siehe Grundrezept), kann ich ihn zwischen eine der Schichten streuen. Noch raffinierter: Mit einem Eigelb vermischen und die Masse auf einer Schicht verteilen. So wird Ihr Baumkuchen-Omelett interessanter. Sie können auch zerbröselten Roquefort verwenden, Comté, Cantal, Ziegenkäse – es kommt auf das feine Verteilen zwischen den Schichten an.

Alles das ruft nach Ausgleich, nach Frische und Säure. Da wählen Sie am besten ein Gemüse der Jahreszeit; oder Karotten, die gehen immer. Etwas klein geschnittene Frühlingszwiebel (nur das Weiße!) über das Ganze gestreut balanciert den Geschmack zusätzlich aus.
Zum Gelb des Omeletts passen Rot und Grün. Sie können beispielsweise gekochte Erbsen mit Olivenöl und Parmesan zu einer Art Pesto vermischen und dann daraus Kreise oder kleine Kugeln formen, die neben dem Omelett liegen. Ein paar zerdrückte Körnchen roten Pfeffers darüber oder Piment d'Espelette und fertig. Sie können die grünen Kugeln in Speckpulver oder dem oben beschriebenen Brotpulver wälzen.

LEKTION 3

FÜR DAS OMELETT MIT KÄSE UND SPECK

- 2 EL Speckwürfel
- Parmesan
- Frühlingszwiebel
- frische Erbsen
- Olivenöl
- roter Pfeffer

BASIS-OMELETT

Für 2 Personen
6 Eier
weißer Pfeffer
Salz
Butter
1 Schalotte
Tabascosauce
Worcestershiresauce
Sonnenblumen- oder Maisöl

GRUNDREZEPT

1. Butter, Pfeffer, Schalottenwürfel anschwitzen.
2. Eier trennen, Eiweiß salzen und schlagen.
3. Öl, Tabasco- und Worcestershiresauce ins Eigelb und schlagen.
4. Die Massen mischen.
5. Dünne Eimasse-Schicht in der Pfanne leicht stocken lassen, mit Spatel falten und nächste Schicht auf dem ganzen Pfannenboden verteilen, wieder falten et cetera.

mono

Exkurs zu den Wachteln
Omelett mit Sauce

Ein gelungenes Omelett ist innen feucht. Wozu braucht es also eine Sauce? Nun, hin und wieder macht sie Freude. Etwa als geschmacklicher Akzent, dekorativ quer über den Teller gespritzt. Oder auch, um eine Beilage zu aromatisieren, Champignons beispielsweise. Unerlässlich ist sie geradezu, wenn Sie Wachtelbrüstchen neben das Omelett legen – und das sollten Sie unbedingt einmal tun. Diese Beilage ist einen Exkurs wert.

Ich empfehle den Kauf von einer küchenfertigen Wachtel pro Person. Sie lösen am Vorabend die Brustfilets heraus, zerhacken den Rest, rösten ihn mit ein wenig Suppengrün an, löschen mit einem halben Glas ordentlichen Rotweins ab, füllen mit Wasser auf, werfen ein Lorbeerblatt, Pfefferkörner, zwei zerdrückte Wacholderbeeren sowie eine Prise Salz hinein und lassen das Ganze eine Dreiviertelstunde lang köcheln. Anschließend durch ein Tuch passieren. Am nächsten Morgen, wenn Sie das Omelett zubereiten, kochen Sie den so entstandenen Fond ein, bis er fast wie Sirup aussieht, das heißt dann Glace.

Die Wachtelbrüste werden enthäutet (Feder- und Knochenreste entfernen!) und leicht bemehlt. Schnell in Butter anbräunen – nicht durchbraten – und an einem warmen Ort ruhen lassen, während Sie das Omelett fertigstellen. Sie werden mitsamt der Glace neben ihm angerichtet. Ein kleines Stück gepfefferter Stopfleberterrine neben den Wachtelbrüsten wäre der Höhepunkt.

Auch ohne Fleischbeilage ist eine Glace aus Geflügel- oder Kalbsfond ein Segen für Ihr Omelett. Verzichten Sie aber auf fertige Fonds aus dem Ladenregal. Sie führen zu keinem guten Ende. Kochen Sie lieber aus Hühnerkarkassen oder aus Kalbsknochen mit passendem Fleisch einen großen Topf Fond und frieren Sie ihn portionsweise ein. Das macht wenig Arbeit, ja lässt sich geradezu nebenher erledigen. Achten Sie bei der Zubereitung des Fonds darauf, nicht zu viele Karotten zu verwenden, denn wenn Sie ihn später konzentrieren, könnte die Glace aufdringlich süß schmecken. Dekorieren Sie das Omelett mit ihr, und streuen Sie etwas Passendes darüber: Ein wenig Fleur de Sel oder zerdrückter roter Pfeffer, fein gewiegte Petersilie, auch Streifen von Lauchzwiebeln oder Radieschenspäne sind geeignet.

Sie können die Sauce mit Estragon oder Pilzfond aromatisieren, da freut sich das Omelett. Oder den Fond mit Sahne einkochen, anstatt ihn zur Glace zu machen. Passt gut zum Ei, gibt dem Gericht aber eine gewisse Schwere. Wollen Sie das? Wenn ja: nur zu! In diesem Fall bietet es sich an, feinblättrig geschnittene, eventuell angedünstete Champignons in die Sauce zu tun. Von Béchamelsauce rate ich ab, sie macht aus dem Omelett eine unpassend wuchtige Speise. Über Tomatensauce werden wir reden, wenn die Saison gekommen ist.

LEKTION 4

FÜR DAS OMELETT MIT WACHTELN

- 2 Wachteln
- Suppengrün
- Rotwein
- 1 Lorbeerblatt
- schwarze Pfefferkörner
- 2 Wacholderbeeren
- Salz
- Mehl
- Butter
- 2 Radieschen

BASIS-OMELETT

Für 2 Personen
6 Eier
weißer Pfeffer
Salz
Butter
1 Schalotte
Tabascosauce
Worcestershiresauce
Sonnenblumen- oder Maisöl

GRUNDREZEPT

1. Butter, Pfeffer, Schalottenwürfel anschwitzen.
2. Eier trennen, Eiweiß salzen und schlagen.
3. Öl, Tabasco- und Worcestershiresauce ins Eigelb und schlagen.
4. Die Massen mischen.
5. Dünne Eimasse-Schicht in der Pfanne leicht stocken lassen, mit Spatel falten und nächste Schicht auf dem ganzen Pfannenboden verteilen, wieder falten et cetera.

Fließender Übergang
Omelett mit Püree

Ein Omelett schmeckt zwar auch *nature*, also ohne Weiteres, aber eigentlich will es befüllt werden. Es gibt zwei Methoden. Entweder beladen wir die angebratene Eimasse auf der feuchten Oberseite mit der Füllung und klappen das Omelett zu, oder wir lassen es nach und nach aus mehreren dünnen Schichten entstehen, zwischen die wir die Füllung packen. Für beide Methoden eignen sich Pürees, ebenso wie sie auch als Beilage infrage kommen.

Omeletts sind weiche Gerichte, mit der Gabel zu essen; zumal wir es bevorzugen, wenn die Eimasse teilweise noch etwas fließt. Pürees verstärken diese Eigenschaft, weshalb wir darauf achten, dass sie nicht allzu flüssig ausfallen, sonst wird es auf dem Teller unerfreulich.

Da Sie sich mit dem Omelett Mühe geben, wollen Sie das Gericht nicht durch Kartoffelpüree aus der Tüte verderben. Stattdessen zerstampfen Sie zwei gekochte Pellkartoffeln – ohne Pelle natürlich – mit schön viel Butter und salzen das Ergebnis. Wer Geld dafür hat, trüffelt sein Kartoffelpüree, ich aromatisiere es mit frisch geriebener Muskatnuss oder mit geraspeltem Käse, z. B. Parmesan. Mithilfe eines metallenen Speiseformrings verfertigen Sie daraus kleine Rondelle. Die legen Sie neben das Omelett, etwas Pimentpuder darüber, et voilà. Pikante Abwandlung: Anstelle der Butter recht scharfes Olivenöl nehmen.

Kartoffelpüree verschiebt den Charakter eines Omeletts unweigerlich ins Rustikale. Das muss man wollen. Wenn nicht, versuchen Sie es mit Selleriepüree (Sellerieknolle in Stücken kochen, mit Butter pürieren, salzen und pfeffern, gern auch Muskat). Ich verwende es wie eine stark gebundene Sauce, als Füllung eignet es sich wegen seiner weichen Konsistenz weniger. Rondelle aus Karottenpüree, in dem etwas Ingwer zu Besuch ist, sind auch schön.

Etwas anderes ist pürierter Spinat. Der macht sich optisch gut zwischen den Schichten unseres Omeletts. Das Püree muss allerdings so trocken wie möglich sein, sonst schwappt grüne Suppe durch die Pfanne. Am besten gehen Sie so vor: Den gewaschenen, tropfnassen Blattspinat ohne Fett erhitzen, in einem Tuch gründlich auswringen, mit Butter pürieren. Muskat, Pfeffer, Salz und ein kleines Stück Knoblauch mit dazu – Letzterer passt hervorragend zu Ei und Spinat. Erneut pürieren. Um die Füllung zu stabilisieren, mische ich abschließend ein Eigelb unter die Masse. Sie können auch gekochte Hühnerbrust, Sahne und, wenn Sie wollen, etwas Stopfleber miteinander pürieren und zwischen die Omelettschichten platzieren. Dazu passt Geflügelglace.

Omelett mit Püree, das schreit nach Frischem. Daher liegt neben dem Omelett ein kleines Häufchen Chicorée- oder Fenchelsalat mit einer Marinade aus frischem Orangensaft, Salz, schwarzem Pfeffer und Olivenöl. Oder wir nehmen ein paar Würfel Salatgurke, parfümiert mit einem Tropfen Zitronensaft und verfeinert mit Salzflocken. Im Grunde eignet sich alles, was die Saison anbietet, solange es etwas Säure präsentiert.

LEKTION 5

FÜR DAS OMELETT MIT SPINATPÜREE

- 1 Handvoll Blattspinat
- Butter
- Muskat
- Pfeffer
- Salz
- Knoblauch
- Eigelb

FÜR DAS OMELETT MIT SELLERIEPÜREE

- ½ Sellerieknolle
- Butter
- Salz
- Pfeffer
- Muskat

BASIS-OMELETT

Für 2 Personen
6 Eier
weißer Pfeffer
Salz
Butter
1 Schalotte
Tabascosauce
Worcestershiresauce
Sonnenblumen- oder Maisöl

GRUNDREZEPT

1. Butter, Pfeffer, Schalottenwürfel anschwitzen.
2. Eier trennen, Eiweiß salzen und schlagen.
3. Öl, Tabasco- und Worcestershiresauce ins Eigelb und schlagen.
4. Die Massen mischen.
5. Dünne Eimasse-Schicht in der Pfanne leicht stocken lassen, mit Spatel falten und nächste Schicht auf dem ganzen Pfannenboden verteilen, wieder falten et cetera.

Trüffeln sind die schönen Seelen

Omelett mit Pilzen

Es gibt Religionen, die halten das Ei für göttlich. Wenn sie recht haben, dann hat das Ei als erste Amtshandlung den Pilz erschaffen, seinen idealen Begleiter. Unser Omelett ist allerdings nicht grob, sondern fein, wir kippen keine rustikale Pilzpfanne darüber aus. Pilze in den Omelettteig zu mischen wäre ebenfalls unsensibel, denn anstelle eines samtenen Halbmonds böte sich uns eine geröllübersäte Mondlandschaft dar. Muss ja nicht sein.

Hier kommen Alternativen. Beginnen wir mit Champignons. Sie können sie beispielsweise klein hacken, sehr klein hacken, nein: noch kleiner, wirklich ausgesprochen klein, und dann schwitzen Sie eine nicht ganz so klein geschnittene Schalotte mit ordentlich Butter in einem Topf glasig. Sie darf keinesfalls braun werden. Pilzmasse hinein, sofort Salz, umrühren und bei minimaler Hitze zugedeckt vor sich hin arbeiten lassen. Das Salz lässt den Saft austreten. Wenn Ihr Omelett fertig ist, nehmen Sie den Deckel ab und erhitzen den Pilz-Spaß so lange, bis er trocken ist. Neben das Omelett häufeln. Die Masse eignet sich auch zum Füllen.

Sie können die Champignons auch in feine, nein: extrem feine Scheiben schneiden, ansonsten wie oben. In diese Präparation rühre ich manchmal etwas konzentrierten Kalbsfond. Oder ein winziges bisschen Sahne. Oder ein paar Fitzelchen klein gehackten Räucherschinkens. Oder etwas Petersilie. Aber meistens ein ganz klein wenig Nichts.

Sodann die Eierschwammerln, der österreichische Name sagt alles. Pfifferlinge heißen sie in Deutschland. Gut säubern, mit Salz und schwarzem Pfeffer in Butter garen. Von Austernpilzen, Shiitake et cetera als Omelettbegleitung habe ich eine weniger gute Meinung, aber das ist kulturell bedingt, auf Deutsch: ein Vorurteil. Ist mir zu cross-over.

Trüffeln hingegen sind die schönen Seelen der Eierspeisen. Ganz frankophil bestehe ich auf schwarzen; die weißen (die noch teurer sind) gehören vorurteilsgemäß auf die Pasta. Also, sollte Ihnen eine Trüffel über den Weg rollen: säubern, schälen, hobeln. Die Schale hacken, leicht in Butter andünsten und zwischen die Schichten streuen. Die gehobelten Scheiben ebenfalls in Butter oder in konzentriertem Fond anwärmen, auf das Omelett legen.

Gute, im Winter geerntete Trüffeln sind teuer, alle anderen freilich rausgeschmissenes Geld. Ich esse sie nur selten, aber wenn, dann kaufe ich sie einem befreundeten Koch ab. Noch besser als zum Omelett schmecken sie mir im Rührei. Meiden Sie Trüffelöl.

LEKTION 6

FÜR DAS OMELETT MIT CHAMPIGNONS

- 2 Handvoll braune Champignons
- 1 Schalotte
- Butter
- Salz
- Petersilie

FÜR DAS OMELETT MIT TRÜFFELN

- schwarze Trüffeln
- Butter (ca. 1 EL pro kleiner Trüffel)

BASIS-OMELETT

Für 2 Personen
6 Eier
weißer Pfeffer
Salz
Butter
1 Schalotte
Tabascosauce
Worcestershiresauce
Sonnenblumen- oder Maisöl

GRUNDREZEPT

1. Butter, Pfeffer, Schalottenwürfel anschwitzen.
2. Eier trennen, Eiweiß salzen und schlagen.
3. Öl, Tabasco- und Worcestershiresauce ins Eigelb und schlagen.
4. Die Massen mischen.
5. Dünne Eimasse-Schicht in der Pfanne leicht stocken lassen, mit Spatel falten und nächste Schicht auf dem ganzen Pfannenboden verteilen, wieder falten et cetera.

Ei, der Knuspereffekt!
Omelett mit Kartoffeln

Bratkartoffeln sind zu grob für unsere Zwecke. Pommes frites kommen schon gar nicht infrage. Aber wir täten der Kartoffel unrecht, wollten wir sie deswegen zum Paria auf dem Omelettteller machen. Eine festigende Nebenrolle kann sie im Selleriepüree spielen; doch vor allem als Kartoffelstroh hat sie das Recht auf einen Auftritt.

Wir schälen und waschen sie, sodann schneiden wir sie in feinste Stifte. Zum Beispiel mit einem Julienneschneider, einem Zestenreißer oder eben geduldig und unter vollster Aufmerksamkeit mit einem superscharfen Messer. Bis zur Verwendung sollten die Stifte (oder Fäden) in kaltem Wasser baden. Dann abgießen und mit Küchenkrepp abtrocknen. Anschließend werden die Stifte portionsweise frittiert. Nein, Sie benötigen keine Fritteuse dazu, ich habe auch keine. Sie brauchen nur einen Topf und vor allem noch einmal Aufmerksamkeit. Im heißen Öl immer schön umrühren und allenfalls dunkelblond werden lassen, anschließend entfetten. Mit den Stiften lässt sich das Omelett dekorieren, und sie geben einen knackigen Kontrast zu unserem weichen, hellgelben Halbmond (der ja, ich wiederhole es lieber noch einmal, kein bisschen braun ausfallen darf). Dasselbe Verfahren eignet sich auch für winzige Kartoffelwürfel, die Sie wie Krokant über das Omelett streuen.

In all diesen Fällen gilt: keine Sauce. Sie würde den Knuspereffekt zunichtemachen. Ich weiß, dass es Gegenden in Süddeutschland gibt, in denen gebratene Kartoffeln mit Sauce angematscht werden; in Kanada isst man sogar Pommes frites mit Käse und Bratensauce, das heißt dann lustigerweise »Poutine«. Aber das gehört nicht hierher und schon gar nicht in die Nähe unseres Omeletts.

Wenn nun jemand argwöhnt, hier sei wohl generell alles Deftige verboten, sei ihm dies ans Herz gelegt: Machen Sie Blunzngröstl. Im Ernst! Gehackte Zwiebel in etwas Butter glasig werden lassen, sodann gehackte, nicht zu feuchte und nicht zu feste Blutwurst (das ist die Blunzn, wie sie in Österreich heißt) hinein sowie Majoran. Der ist Tradition.

LEKTION

7

FÜR DAS OMELETT MIT KARTOFFELN

- ein paar festkochende Kartoffeln
- Öl
- 1 Zwiebel
- Butter
- Blutwurst (3 kleine Scheiben pro Person)
- Majoran

BASIS-OMELETT

Für 2 Personen

6 Eier
weißer Pfeffer
Salz
Butter
1 Schalotte
Tabascosauce
Worcestershiresauce
Sonnenblumen- oder Maisöl

GRUNDREZEPT

1. Butter, Pfeffer, Schalottenwürfel anschwitzen.
2. Eier trennen, Eiweiß salzen und schlagen.
3. Öl, Tabasco- und Worcestershiresauce ins Eigelb und schlagen.
4. Die Massen mischen.
5. Dünne Eimasse-Schicht in der Pfanne leicht stocken lassen, mit Spatel falten und nächste Schicht auf dem ganzen Pfannenboden verteilen, wieder falten et cetera.

STAATLICH
BERLIN
P 90-30
DIN

Die Ampelkoalition
Omelett in Rot und Grün

Das Omelett mit Kräutern ist ein Klassiker der französischen Küche. Das Rezept: Man bereitet ein Omelett mit Kräutern zu.

Aber wir wollen uns die Sache ja nicht zu einfach machen. Anders als es die Tradition will, rühren wir weder die Kräuter noch die Gewürze in die flüssige Eimasse, aus der unser Produkt entstehen soll. Denn erstens ist die Verteilung dieser Zutaten schwer zu kontrollieren, sie sind Feststoffe, die in der viskosen Flüssigkeit nach unten sinken. Doof. Zweitens ist ein rein hellgelbes Omelett von außen hübscher anzusehen, das ist jedenfalls die ästhetische Prämisse dieses Buchs. Infolgedessen kommen die Kräuter zwischen die Schichten unseres baumkuchenartig aufgebauten Omeletts. Zu diesem Zweck reibe ich fein gewiegte Kräuter im Mörser noch feiner und mische sie mit Frischkäse (oder mit Eigelb und Frischkäse) und streiche die Masse immer wieder auf den Teil des Omeletts, der schon fest ist. Er wird danach ja umgeklappt, und die Prozedur beginnt von vorn.

Welche Kräuter? Am liebsten Estragon. Petersilie geht auch. Ungern Oregano, es sei denn, ich mache ein Omelett, das wir »Omelette à la pizzaiola« nennen können: präsentiert mit einem Klacks selbst eingekochten Tomatenpürees sowie leicht erhitzten dünnen Streifen von Salami. Das gibt es bei uns allerdings selten, es streift doch hart die Grenze zum Rustikalen.

Apropos Tomate. Ich halte nicht viel davon, die Eimasse mit Tomatenmark rötlich zu färben, das ist zu banal. Entweder lege ich frische Tomatenstreifen (Tomate aushöhlen, das Äußere zurechtschneiden, den Saft für die Aromatisierung einer Sauce nutzen) neben oder auf das Omelett oder ich schneide diese in Würfelchen und dünste sie oder ich bereite eine Tomatensauce auf Sahnebasis zu, das allerdings ist eine recht mächtige Variante.

Welche Gewürze zum tomatisierten Omelett? Paprikapulver, Piment d'Espelette, Cayennepfeffer oder auch mal ein bisschen Curry (Vorsicht, schmeckt sehr durch). Kreuzkümmel für die Kreuzkümmelfraktion. Lieber weißen als schwarzen Pfeffer, auch wegen der animalischen Noten der weißen Körner. Ja, Körner! Pfeffer schmeckt nur frisch gemörsert (oder gemahlen).

Was mir gefällt, wenn ich Farbe möchte, ist diese Methode: Auf der erstarrten Oberfläche des Omelett-Halbmonds verstreiche ich etwas Butter mit Paprikapulver, das ergibt eine einheitliche rote Schicht. Sehr cool ist auch, statt der Butter das rötliche und süßlich schmeckende Olivenöl zu benutzen, das in der Pfanne bleibt, wenn ich vorher ein paar Streifen rote Paprika gedünstet habe. Auch die sind eine schöne Beilage.

LEKTION

8

FÜR DAS OMELETT MIT PAPRIKA

- 1 rote Paprika
- Olivenöl
- weißer Pfeffer

FÜR DAS OMELETT MIT KRÄUTERN

- Estragon (vorzugsweise) oder Petersilie
- Frischkäse

BASIS-OMELETT

Für 2 Personen
6 Eier
weißer Pfeffer
Salz
Butter
1 Schalotte
Tabascosauce
Worcestershiresauce
Sonnenblumen- oder Maisöl

GRUNDREZEPT

1. Butter, Pfeffer, Schalottenwürfel anschwitzen.
2. Eier trennen, Eiweiß salzen und schlagen.
3. Öl, Tabasco- und Worcestershiresauce ins Eigelb und schlagen.
4. Die Massen mischen.
5. Dünne Eimasse-Schicht in der Pfanne leicht stocken lassen, mit Spatel falten und nächste Schicht auf dem ganzen Pfannenboden verteilen, wieder falten et cetera.

Frisches Gegengewicht
Das Gemüse-Omelett

Das Omelett, so wie wir es zubereiten – mit seinem Wechselspiel aus halbfesten und sämigen Schichten, viel Butter, vielleicht auch Käse –, kann frisches Gegengewicht vertragen. Es darf nur nicht überhand nehmen. Also keinen Haufen Salat oder dergleichen. Aber ein paar Streifen aus dem Inneren des grünen Salatkopfs mit etwas Marinade, das schon. Etwas Marinade? Sehr wenig und mit hohem Ölanteil, sonst suppt Ihnen das Zeug ins Omelett, wo es aber nicht hingehört. Ein paar Streifen Chicorée mit etwas Orangenfleisch gehen auch.

Na, und vor allem das Radieschen. Als darübergestreute Späne ist es in unserer Schule schon vorgekommen, winzige Würfelchen gehen auch (womöglich leicht mariniert). Oder Scheiben, leicht in Butter angedünstet. Dito Salatgurke. Natürlich ohne die Kerne und deren wässrige Umgebung. Zucchini ebenfalls, die lassen sich sogar besonders variabel einsetzen. Roh, sehr klein geschnitten und mariniert. Oder auf griechische Art in dünnen Längsscheiben gebraten, parfümiert mit zerdrücktem Knoblauch (der nicht gebraten wird!) und ein paar Tröpfchen Balsamico. Sie können die Zucchini auch dünsten, pürieren, mit frisch geriebenem Parmesan vermischen und aus der Masse, wenn sie abgekühlt ist, kleine Törtchen formen, die Sie neben das Omelett legen. Und zerstoßene rosa Pfefferkörner darüberkullern lassen.

Spargel ist so eine Sache, jedenfalls weißer. Gekocht enthält er zu viel Wasser. Dünn geschnitten und gebraten, das ist besser. Auch Rote Bete neigt dazu, Flüssigkeit abzugeben, in diesem Fall auch noch rote. Aber sie schmeckt doch so gut – jedenfalls wenn sie wirklich durchgegart ist, und zwar vom Backen, nicht vom Kochen. Na gut, von mir aus. Backen Sie sie einzeln, gut gewaschen, aber ungeschält, in Alufolie, zwei Stunden bei 220 Grad, meistens genügt das. Das dann beinahe gallertartige Fleisch schneiden Sie in mundgerechte Stücke, auf die ein winziges bisschen Balsamico sowie etwas grobes Salz kommen.

Klar, es gibt noch so viel mehr Gemüse ... Pastinake oder Kürbis oder Süßkartoffel, aber alles das ist, wie ich finde, ein zu erdhafter Gegensatz zu unserer leicht ätherischen Madame, dem Omelett. Artischocken sind etwas anderes. Ich gehe rüde mit ihnen um. Alles weg, was nicht Boden ist. Vor allem diese fiesen Haare. Dann erst in Wasser und im Saft klein gehackter, ausgedrückter Petersilie (anstelle des traditionellen, aber zudringlichen Zitronensaftes) angaren, hernach in Butter weich dünsten. In Scheiben schneiden, und schon sind wir glücklich. Hübsch ist auch dreierlei Grün: Artischocke, Zucchini-Rondelle und etwas grüner Spargel.

LEKTION 9

FÜR DAS GEMÜSE-OMELETT

- 1 Artischocke
- Petersilie
- Butter
- 1 Zucchini

GEMÜSE-ALTERNATIVEN

- Radieschen
- Salatgurke
- grüner Spargel
- Rote Bete

BASIS-OMELETT

Für 2 Personen
6 Eier
weißer Pfeffer
Salz
Butter
1 Schalotte
Tabascosauce
Worcestershiresauce
Sonnenblumen- oder Maisöl

GRUNDREZEPT

1. Butter, Pfeffer, Schalottenwürfel anschwitzen.
2. Eier trennen, Eiweiß salzen und schlagen.
3. Öl, Tabasco- und Worcestershiresauce ins Eigelb und schlagen.
4. Die Massen mischen.
5. Dünne Eimasse-Schicht in der Pfanne leicht stocken lassen, mit Spatel falten und nächste Schicht auf dem ganzen Pfannenboden verteilen, wieder falten et cetera.

Königlicher Begleiter
Omelett mit Hummer

Mit Hummer wird das Omelett königlich. Aber frisch muss er sein, und das bedeutet: Er kommt quicklebendig in die Küche. Ich bin kein Vegetarier, doch wer sich über Vegetarier lustig macht, der sollte einmal selbst einen Hummer töten. Dann weiß er aus eigener Anschauung, wie Tiere für unsere Nahrung leiden (ob das ethisch vertretbar ist, kann nicht Thema dieser Omelettschule sein).

Es ist in Deutschland Vorschrift, den lebenden Hummer kopfüber in kochendes Wasser gleiten zu lassen – dann den Deckel drauf. Schon sieht der Mensch nicht mehr, wie das Tier leidet. Ich besitze allerdings einen großen Topf mit Glasdeckel und weiß, was sich in diesem Fall abspielt. Immerhin können Sie den Vorgang abkürzen, indem Sie einen sehr, sehr großen Topf verwenden, damit der kalte Hummerkörper das Wasser nicht so stark abkühlt. In Frankreich habe ich Hummer mit dem Messer getötet, das ist dort erlaubt und geht schneller.

Nach diesem anstrengenden Einstieg ins Thema kommt gleichwohl das Rezept. Es läuft darauf hinaus, dass Sie die Scheren des getöteten Tiers in Heißwasser für wenige Minuten weitergaren, den noch fast rohen Hummerschwanz hingegen halbieren und erst auf der Panzerseite kurz in heißem Öl braten, anschließend noch kürzer mit Butter auf der Fleischseite. Mit Cognac flambieren, wenn Sie mögen. Alle Schalen entfernen, aber aufheben.

Haben Sie das schon einmal gemacht, so kommen Sie nun in den Genuss früherer Zubereitungen, weil Sie damals die (gesäuberten) Schalen zermörsert und zehn Minuten lang in reichlich Butter erhitzt haben; nach dem Passieren und Erkalten ist Hummerbutter entstanden, die Sie eingefroren haben. Die kommt jetzt zum Einsatz, indem Sie das Omelett, das von klein geschnittenem Hummerfleisch umgeben ist, mit ihr beträufeln. Oder Sie haben die Schalen zu Hummerfond verarbeitet, den Sie jetzt mit Sahne konzentrieren. Alternative: eingekochter Kalbsfond.

Wenn Ihnen das alles zu fies ist, Sie aber auf Meeresfrüchten bestehen, können Sie auf Scampi ausweichen. Nordseekrabben sind auch möglich, doch die schmecken am besten mit Rührei und Schwarzbrot; neben oder auf einem Omelett haben sie so etwas – Fremdartiges.

Eine optische Herausforderung stellt der große Haufen Lachskaviar dar, den ich manchmal halb über, halb neben das Omelett kippe. Aber nach einem Bissen zeigt sich, wie gut es passt. Räucherlachs geht natürlich auch. In diesem Fall müssen Sie darauf achten, dass er das warme Omelett nicht für längere Zeit berührt, er wird sonst unansehnlich. Am besten legen Sie zwischen ihn und das Omelett ein paar Scheiben Salatgurke, mit etwas Limettensaft angemacht.

LEKTION 10

FÜR DAS OMELETT MIT HUMMER

- 1 Hummer
- Öl
- Butter
- Cognac
- Kalbsfond

BASIS-OMELETT

Für 2 Personen
6 Eier
weißer Pfeffer
Salz
Butter
1 Schalotte
Tabascosauce
Worcestershiresauce
Sonnenblumen- oder Maisöl

GRUNDREZEPT

1. Butter, Pfeffer, Schalottenwürfel anschwitzen.
2. Eier trennen, Eiweiß salzen und schlagen.
3. Öl, Tabasco- und Worcestershiresauce ins Eigelb und schlagen.
4. Die Massen mischen.
5. Dünne Eimasse-Schicht in der Pfanne leicht stocken lassen, mit Spatel falten und nächste Schicht auf dem ganzen Pfannenboden verteilen, wieder falten et cetera.

That's Amore!
Italienisches Omelett

Unser Omelett, hellgelb und samten, sieht unschuldig aus, kann es aber in sich haben. Etwa wenn Sie ein paar extrem dünne Spaghettini in zwei Zentimeter lange Stücke brechen und sie al dente kochen, abtropfen lassen und ins Omelett mischen. Das ergibt ein überraschendes Essgefühl. Wenn Sie jetzt noch einen Streifen Tomatensauce daneben platzieren sowie etwas gezupften Basilikum mit Olivenöl und Salz: *Viva Italia!*

Apropos. Ihre Tomatensauce bereiten Sie am besten selbst zu, und zwar im Sommer, wenn es auf dem Wochenmarkt Freilandtomaten gibt. Sie ist schnell gemacht und lässt sich auch prima in kleinen Portionen einfrieren. Dann sind Sie auch im Winter versorgt und können auf die oft zu süßen Dosentomaten verzichten. Rezepte gibt es viele. Ich mache es mir sehr einfach: Stielansätze weg, Tomaten zerhacken und mit Haut und Kernen in den Topf, wo schon ein paar Zwiebeln im Olivenöl glasig (nicht braun) gedünstet wurden. Oregano, Pfeffer, Salz, etwas Weißwein, vielleicht ein wenig Kalbsfond, womöglich Schinkenabfälle dazu und das Ganze einkochen. So lange, bis Sie finden, dass es schmeckt. Pürieren, durch ein Sieb streichen, fertig.

Zum angenudelten Omelett passt auch rohes Tomatenconcassée: Sie häuten die Tomaten und entkernen sie, anschließend schneiden Sie das Tomatenfleisch würfelig. Ganz, ganz wenig Olivenöl, vielleicht Salz. Oder Sie nehmen zwei, drei Cherrytomaten pro Person: Halbieren, aushöhlen, eine Mischung aus Olivenöl, Semmelbröseln und Oregano hinein und unter den Grill schieben, bis die Bröselschicht bräunt. Das ist die Minivariante der *tomates provençales* und setzt einen hübschen Akzent.

Nichts spricht dagegen, eine der Omelettschichten mithilfe hochkonzentrierter Tomatensauce anzufärben. Obwohl ich das lieber mit Paprikapulver mache. Hinterhältig wiederum wird Ihr Omelett, wenn Sie mit superscharfen frischen Chilischoten arbeiten. Die werden entkernt, klein gehackt und im Omelett versteckt. Und wo wir gerade dabei sind: Es gibt ein helles Chili con Carne, das »White Lightning« heißt, und zwar zu Recht. Eine Abart davon, *sin carne*, eignet sich für unser Omelett: Fein geschnittene Zwiebel in Schweineschmalz weich dünsten, etwas (etwas!) Kreuzkümmel und Salz dazu, umrühren, weiße Bohnenkerne aus der Dose dazu, auch ein wenig von der Flüssigkeit; dann weich kochen, schließlich sehr scharfe, frische grüne oder gelbe, fein gehackte Chilischoten dazugeben. Pürieren und etwas von der Masse zwischen die Omelettschichten tun. Überraschung!

LEKTION 11

FÜR DAS ITALIENISCHE OMELETT

- Spaghettini
- Tomaten
- Olivenöl
- Basilikum

BASIS-OMELETT

Für 2 Personen
6 Eier
weißer Pfeffer
Salz
Butter
1 Schalotte
Tabascosauce
Worcestershiresauce
Sonnenblumen- oder Maisöl

GRUNDREZEPT

1. Butter, Pfeffer, Schalottenwürfel anschwitzen.
2. Eier trennen, Eiweiß salzen und schlagen.
3. Öl, Tabasco- und Worcestershiresauce ins Eigelb und schlagen.
4. Die Massen mischen.
5. Dünne Eimasse-Schicht in der Pfanne leicht stocken lassen, mit Spatel falten und nächste Schicht auf dem ganzen Pfannenboden verteilen, wieder falten et cetera.

Nicht ins Bett rollen lassen!

Omelett mit Karotten und Erbsen

Das Omelett liebt Gemüse. Wir tun es auch. Karotten beispielsweise. Mit einem Gemüseschäler raspeln wir nudelige Streifen ab und dünsten sie in ein wenig Noilly Prat und Butter. Oder in etwas Karottensaft und Butter. Oder nur in Butter. Sind es wirklich gute Karotten, dann entfalten sie auf diese Weise eine dezente Süße, die als Kontrast sogar ein paar Tropfen Zitronensaft verdient. Wohin mit den orangeroten, zerschmelzenden Streifen? Ich lege sie aufs Omelett, auch wegen des Farbeffekts, und platziere vielleicht ein paar frittierte Petersilien- oder Rucolablätter daneben.

Lieber aber Erbsen, erst recht dann, wenn sie nach dem Kochen in Eiswasser abgeschreckt wurden. Beim Kochen bitte keinen Deckel auf den Topf tun, sonst werden sie unansehnlich. Sind sie richtig frisch, koche ich sie nur kurz an (und nasche dabei ein paar rohe). Sie können die herumkullernden Dinger mit eingekochter Sahne binden, wenn Sie mögen. Oder Sie halbieren jede einzelne von ihnen, ganz im Ernst! Sonst halt etwas anstampfen. Dann rollt nichts ins Bett. Omeletts esse ich meistens im Bett. Alternative: Zuckerschoten. Waschen und noch nass ins Butterpfännchen; fertig sind sie, sobald sie sich blähen. Grüne Bohnen hingegen passen nicht zum Omelett. Sie sind ein allzu ernsthaftes Gemüse.

Anders der Chicorée, uns schon vertraut aus Lektion 9. Diesmal vierteln wir ihn in Längsrichtung, entfernen den Strunk und jedes Blatt, das nicht perfekt aussieht. Anschließend in Butter dünsten, gerne mit etwas Zucker. Das ergibt zwei hübsche Beigaben pro Person. Sie können, kurz bevor er fertig ist, etwas Kalbsfond zur Schmorflüssigkeit geben. Der ließe sich freilich auch mit Sahne zu einer Sauce einkochen, die den Chicorée mit dem Omelett verbindet. Aber gehen Sie sparsam damit um, sonst begräbt die Sauce alle Nuancen unter sich.

Tja, und dann die Aubergine. Sie wird zwar auch Eierfrucht genannt, aber mit ihr habe ich bisher wenig Beifall erzielt, wenn sie ein Omelett begleiten sollte. Ausnahme: Sie salzen am Vorabend pro Person zwei oder drei Scheiben ein. Zum Zweck der Zubereitung werden sie ausgedrückt, leicht bemehlt, durch verquirltes Eigelb gezogen und dann mit Semmelbröseln paniert, um sie wie ein Wiener Schnitzel in geklärter Butter zu braten. Dann seien Sie aber konsequent: Auf jede ausgebackene Scheibe kommen hinterher ein Stück (gewässerte) Sardelle und ein Zitronenschnitz. Passt schon.

LEKTION 12

FÜR DAS OMELETT MIT KAROTTEN UND ERBSEN

- Karotten
- Noilly Prat
- Butter
- Zitronensaft
- glatte Petersilie
- frische Erbsen

BASIS-OMELETT

Für 2 Personen
6 Eier
weißer Pfeffer
Salz
Butter
1 Schalotte
Tabascosauce
Worcestershiresauce
Sonnenblumen- oder Maisöl

GRUNDREZEPT

1. Butter, Pfeffer, Schalottenwürfel anschwitzen.
2. Eier trennen, Eiweiß salzen und schlagen.
3. Öl, Tabasco- und Worcestershiresauce ins Eigelb und schlagen.
4. Die Massen mischen.
5. Dünne Eimasse-Schicht in der Pfanne leicht stocken lassen, mit Spatel falten und nächste Schicht auf dem ganzen Pfannenboden verteilen, wieder falten et cetera.

Artillerie

Omelett mit Admiralsbällchen

Jetzt präsentieren wir ein Omelett in maritimem Aufzug, doch anstelle von Meeresfrüchten (Lektion 10) verwenden wir diesmal Admiralsbällchen für die Garnitur. Warum sie so heißen, konnte ich trotz ernsthaften Bemühens nicht ermitteln. Sonderlich nah am Wasser sind die Zutaten nämlich nicht.

Sie bestehen im Wesentlichen aus schierem Rinderhack. Normalerweise hacke ich das Tatarfleisch selbst, die gröbere Konsistenz gefällt mir gut. Doch für die Bällchen brauchen wir fein durchgedrehtes Fleisch, denn jedes ist etwas kleiner als ein Tischtennisball, große Stücke würden da stören. Serviert werden immer zwei pro Admiral.

Das Fleisch wird mit einem rohen Eigelb pro Bällchenpaar vermischt, es kommen klein gehackte Kapern hinein sowie Tabasco oder Cayennepfeffer, auch etwas Salz, vielleicht ein wenig fein gewiegte Petersilie. Leicht bemehlen und in Butter außen anbraten, innen sollen die Kugeln roh bleiben. Trick aus Russland: Ein Fitzelchen gefrorene Butter in die Mitte tun.

Platziert werden die Dinger neben das Omelett, von Sauce umgossen. Traditionell ist es eine Madeirasauce, aber da ich nie guten Madeira zu Hause habe, wohl aber Port, stelle ich eine Portweinsauce her: Rinder- oder Kalbsfond wird mit etwas Portwein eingekocht. Sie dürfen die Sauce mit einem Bröckchen Mehlbutter binden. Um die herzustellen, haben Sie handwarme, weiche Butter mit feinem Weißmehl verrührt und eingefroren, um sie stückweise zu verwenden.

Wenn Sie mögen, balancieren Sie einige Ringe Röstzwiebel auf den Klopsen. Doch ein richtiger Admiral würde sich besonders über ein paar Streifen gewässerter Sardelle freuen, die auf seinen Bällchen liegen.

Die Anordnung schreit nach Ergänzung durch Frisches. Kleinste, dreieckig geschnittene Zitronenschnitze (mit Schale) gehen immer. Oder einige kurz in Butter angebratene Quellerstängel (Salicorne), wenn Sie Salziges mögen. Sieht außerdem knackig grün aus. Ist Ihnen das zu extrem, dann verwenden Sie einfach sehr schmal geschnittene Streifen grüner Paprika, roh (und bitte schneiden Sie alles Weiße weg).

Recht nahrhaft das Ganze und so wertvoll wie ein kleines Steak. Eine Ecke Toast, in Butter angeröstet, unterstreicht diesen Charakter. Ein Gläschen Port passt außerdem dazu, jedenfalls wenn die Uhr schon zwölf geschlagen hat. Vorher tut's auch ein Glas Champagner. Singen Sie Shanties beim Servieren.

LEKTION 13

FÜR DAS OMELETT MIT ADMIRALSBÄLLCHEN

- 250 g Beefsteakhack
- Eigelb
- Kapern
- Tabascosauce
- Salz
- Mehl
- Butter
- Portwein
- Rinderfond
- Sardellen
- Queller (Salicorne)

BASIS-OMELETT

Für 2 Personen
6 Eier
weißer Pfeffer
Salz
Butter
1 Schalotte
Tabascosauce
Worcestershiresauce
Sonnenblumen- oder Maisöl

GRUNDREZEPT

1. Butter, Pfeffer, Schalottenwürfel anschwitzen.
2. Eier trennen, Eiweiß salzen und schlagen.
3. Öl, Tabasco- und Worcestershiresauce ins Eigelb und schlagen.
4. Die Massen mischen.
5. Dünne Eimasse-Schicht in der Pfanne leicht stocken lassen, mit Spatel falten und nächste Schicht auf dem ganzen Pfannenboden verteilen, wieder falten et cetera.

Ein Tupfer Avantgarde

Omelett mit Gurke und Sellerie

Kamen Ihnen die Omeletts aus den jüngsten Schulstunden zu üppig und traditionell vor? Nun, diesmal werden die Garnituren nur hingetupft. Dafür sind sie ein bisschen ungewöhnlicher.

Die erste besteht aus einem Klecks Selleriecreme – erinnern Sie sich, Lektion 5? Selleriestücke kochen, mit Butter und Sahne pürieren, salzen und pfeffern, nur wird hier die Creme nicht durch eine Prise Muskat, sondern mit etwas Lakritzsauce aufgemotzt. Sie besteht bei mir aus Kalbsfond, in dem ich Teebeutel mit Lakritztee habe ziehen lassen und der anschließend dick eingekocht wurde. Einen kleinen Strang davon neben den Püreeklecks und fertig. Das Omelett selbst bereiten wir nach dem Grundrezept zu, es braucht nicht noch einen extra Akzent. Gleiches gilt, wenn die Garnitur aus Vanillepfifferlingen besteht. Sie haben richtig gelesen: In Butter gedünstete Pfifferlinge werden mit einem Kalbsfond parfümiert, den ich mit einer Vanilleschote eingekocht habe. Hatte ich ursprünglich mal als Beilage zum Hummer serviert, eignet sich aber auch fürs Omelett.

Lustig ist auch Gurkengelee. Sie schälen eine schön geschmacksintensive Gurke (im Zweifelsfall Bioware), entfernen die Kerne mit einem Teelöffel und schneiden das Gemüse in feine Scheiben. Ordentlich Salz und etwas Zucker dazu, wegstellen, bis Saft austritt. Anschließend alles pürieren und den Saft durch ein Tuch pressen: Auf ihn kommt es an. Währenddessen haben wir Gelatineblätter in kaltem Wasser eingeweicht und anschließend ausgedrückt.

Die Hälfte des Gurkensaftes wird mit etwas Essig erhitzt, die Gelatine darin auflösen, den Rest Saft dazu, schön verrühren und kalt stellen. So, und am nächsten Tag können Sie kleine Würfel von dem Glibber abschneiden. Wozu? Um sie neben eine gebratene, abgezogene und kalte rote Paprika zu legen: Die Schote von Kernen und allem Weißen befreien, sie so lange auf Öl im Ofen grillen, bis die Haut schwarz ist, danach in einem verschlossenen Plastikbeutel abkühlen lassen. Anschließend lässt sich die Haut leicht abziehen. Zusammen mit den Gurkenwürfeln eine leichte, frische Beilage.

Ansonsten: Experimentieren Sie! Neulich habe ich frische Erbsen mit roten Johannisbeeren kombiniert, das sah hübsch aus und schmeckte gut. Ein wenig Joghurt hilft dabei, die Kügelchen zu fixieren.

LEKTION 14

FÜR DAS OMELETT MIT GURKE

- 1 Salatgurke
- Salz
- Zucker
- Essig
- Gelatine
- 1–2 rote Paprika
- Olivenöl

FÜR DAS OMELETT MIT SELLERIE

- ¼ Sellerieknolle
- Butter
- Sahne
- Salz
- Pfeffer
- Kalbsfond
- 1 Beutel Lakritztee

BASIS-OMELETT

Für 2 Personen
6 Eier
weißer Pfeffer
Salz
Butter
1 Schalotte
Tabascosauce
Worcestershiresauce
Sonnenblumen- oder Maisöl

GRUNDREZEPT

1. Butter, Pfeffer, Schalottenwürfel anschwitzen.
2. Eier trennen, Eiweiß salzen und schlagen.
3. Öl, Tabasco- und Worcestershiresauce ins Eigelb und schlagen.
4. Die Massen mischen.
5. Dünne Eimasse-Schicht in der Pfanne leicht stocken lassen, mit Spatel falten und nächste Schicht auf dem ganzen Pfannenboden verteilen, wieder falten et cetera.

Da passt ganz schön was drauf

Omelett mit Toast

Toast zum Frühstück ist einer jener Standards, die unvergänglich sind. Und selbstverständlich können Sie neben unsere Omeletts Toastbrot legen, am besten einmal quer geschnitten in der ansehnlichen Dreiecksform. Die Scheiben allerdings bitte nicht toasten, sondern beidseitig in Butter braten.

Aber, wie immer in unserer Omelettschule, da geht noch mehr. Denn so, wie die Toastscheiben da liegen, rufen sie doch: Beleg mich! Na, dann wollen wir mal. Was wir allerdings nicht tun: Das Omelett auf den Toast legen. Suppt durch, und wir mögen keinen Matsch. Es gibt ja andere Varianten.

Die schlichteste ist sehr fein geriebener Emmentaler, locker über das Brot gehäufelt. Passt super zu unserer Eierspeise.

Nächster Schritt: Rindertatar. Fein hacken, Eigelb dazu. Würzen mit gehackten Kapern und Gewürzgurken, Salz und Pfeffer, ein ganz klein wenig Tabasco- und Worcestershiresauce, ein bisschen Senf, schön mischen und aufs geröstete Brot. Wer das nötige Geld hat, macht daraus eine Hanseatenschnitte: mit einer dicken Schicht Kaviar drauf. Großer Genuss, ich erinnere mich, aber praktiziere das nicht mehr. Der echte Stör-Kaviar ist mir zu teuer geworden; und was sonst diesen Namen führt, ist kein guter Ersatz.

Sodann: Sie besorgen sich superfrische Gambas und Jakobsmuscheln und machen daraus ein Tatar, parfümiert mit Limette, etwas Olivenöl, rotem Pfeffer und vielleicht hauchdünnen Streifen gedünsteter Karotte. Passt ebenfalls gut auf den omelettbegleitenden Toast, den Sie aber diesmal in Olivenöl angebraten haben. Trüffelstücke runden die Sache ab, indessen: siehe Kaviar. In der Morchelzeit nehmen Sie Morcheln. Gut putzen, klein schneiden und in Butter braten.

Und nun: Toast mit Ochsenmark. Kratzen Sie es aus den Knochen (oder lassen Sie das den Metzger erledigen), und versuchen Sie, etwa zwei Zentimeter dicke Scheiben zurechtzuschneiden. Die werden nun kalt gewässert, gut zwei Stunden; das Wasser bitte immer wieder erneuern. Anschließend in leicht gesalzenem Wasser etwa acht bis zehn Minuten lang pochieren, nicht kochen. Das Wasser darf sich nur kräuseln. Die Scheiben kommen auf unseren Buttertoast. Grobes Salz darauf, Pfeffer, fertig.

Ich finde, in diesem Fall passen ebenfalls in Butter gebratene rote Paprikastreifen auf dem Omelett sehr gut.

LEKTION 15

FÜR DAS OMELETT MIT TOAST UND OCHSENMARK

- Toastbrot
- Butter
- Ochsenmark
- grobes Salz
- Pfeffer
- rote Paprika

FÜR DAS OMELETT MIT TOAST UND JAKOBSMUSCHELTATAR

- Toastbrot
- Olivenöl
- 2 Gambas
- 2 Jakobsmuscheln
- Limettensaft
- roter Pfeffer
- Karotte

BASIS-OMELETT

Für 2 Personen
6 Eier
weißer Pfeffer
Salz
Butter
1 Schalotte
Tabascosauce
Worcestershiresauce
Sonnenblumen- oder Maisöl

GRUNDREZEPT

1. Butter, Pfeffer, Schalottenwürfel anschwitzen.
2. Eier trennen, Eiweiß salzen und schlagen.
3. Öl, Tabasco- und Worcestershiresauce ins Eigelb und schlagen.
4. Die Massen mischen.
5. Dünne Eimasse-Schicht in der Pfanne leicht stocken lassen, mit Spatel falten und nächste Schicht auf dem ganzen Pfannenboden verteilen, wieder falten et cetera.

Unterschätzte Blättchen

Omelett mit Estragon

Es lebe der Estragon! Kaum etwas passt so gut zum Ei wie dieses Küchenkraut mit seinen dekorativen länglichen Blättern. Ich wundere mich darüber, wie selten der Estragon in der deutschen Küche auftaucht. Mal zum Fisch, ja. Aber sonst? Petersilie. Und deswegen heute, zum Ausgleich: Bühne frei für den Estragon!

Wenn Sie die Grundzutaten für unser Omelett beisammenhaben, benötigen Sie eigentlich nur noch frischen Estragon, um etwas besonders Schönes anzufertigen. Schneiden Sie die Blättchen klein (ich nehme eine Schere dazu, damit es kein Massaker wird) und platzieren Sie sie zwischen die Schichten unseres nach Baumkuchen-Art zubereiteten Omeletts, Sie wissen schon.

Oder Sie lassen Estragon in Kalbsfond ziehen, den Sie zu einer Glace einkochen, mit der das Omelett umkränzt wird; und wieder schleicht sich dieses unvergleichliche Aroma ins Essen. Sie können auch zu getrocknetem Estragon greifen. Eine andere Saucenvariante ist das Estragonpesto: Pinienkerne (nicht die aus China! Nach ihrem Genuss kann es sein, dass Sie wochenlang einen Bittergeschmack auf der Zunge haben), Estragonblätter und Olivenöl pürieren, mit frisch geriebenem Parmesan aufmontieren, etwas Pfeffer dazu und fertig. Die dickflüssige Sauce macht sich neben dem Omelett besonders gut, wenn sich ein Streifen Kürbiskernöl an sie schmiegt.

Ausgesprochen gerne verwende ich Estragon in der Hühnerrahmsauce. Sie brauchen dazu einen (selbst gekochten) Hühnerfond, mit Estragon parfümiert, den Sie mit Sahne dick einkochen. Sie tauchen am Ende ein paar Würfel pochierter Hühnerbrust hinein, platzieren das Ganze neben Ihrem Omelett und legen noch einige Blättchen frischen Estragons darauf.

Der Estragonwahn kennt kein Ende. Die grünen Blätter stellen gewissermaßen eine geschmackliche Brücke des Omeletts zu vielen seiner Garnituren dar, etwa zu einem Thunfischtatar, parfümiert mit Limette. Oder zu einer Mini-Frikadelle, die von einer Estragonsauce begleitet wird: Dazu verrühren Sie etwas Senf, Joghurt, Ahornsirup und klein gehackten Estragon.

Aber am liebsten mag ich doch die eingangs erwähnte einfache Variante. In der Saison lege ich Tomatenviertel dazu. Na gut, vielleicht noch ein Nürnberger Bratwürstchen, längsseitig aufgeschnitten. Mit selbst angerührtem Estragonsenf. Sie merken schon: Ich mag es sehr, dieses unterschätzte Kräutlein.

LEKTION 16

FÜR DAS OMELETT MIT ESTRAGON

- frischer Estragon
- kleine Tomaten
- Nürnberger Bratwürste
- Senf

BASIS-OMELETT

Für 2 Personen
6 Eier
weißer Pfeffer
Salz
Butter
1 Schalotte
Tabascosauce
Worcestershiresauce
Sonnenblumen- oder Maisöl

GRUNDREZEPT

1. Butter, Pfeffer, Schalottenwürfel anschwitzen.
2. Eier trennen, Eiweiß salzen und schlagen.
3. Öl, Tabasco- und Worcestershiresauce ins Eigelb und schlagen.
4. Die Massen mischen.
5. Dünne Eimasse-Schicht in der Pfanne leicht stocken lassen, mit Spatel falten und nächste Schicht auf dem ganzen Pfannenboden verteilen, wieder falten et cetera.

Es muss nicht vielschichtig sein Klassisches Omelett

Wenn Sie an unserer Omelettschule seit der ersten Unterrichtsstunde teilnehmen, haben Sie schon Erfahrung mit dem Grundrezept. Es ergibt eine mehrschichtige Eierspeise, entfernt einem Baumkuchen ähnelnd. Wir lassen in der Pfanne stets nur ein wenig Eimasse fest werden, klappen sie mit einem Spatel um, heben den gelben Halbmond etwas an, und die nächste Portion Eimasse kann den gesamten Pfannenboden bedecken. Immer so weiter, bis die Eimasse aufgebraucht ist.

So weit, so gut. Aber heute probieren wir etwas anderes aus: Diesmal besteht das Omelett aus einer einzigen, dickeren Lage, die nur einmal eingeklappt wird. Das hat den Vorteil, dass unser Gericht leichter zu füllen ist. Die Zutaten können richtige Stücke sein, bis zu einem Kubikzentimeter groß. Trüffelkäse zum Beispiel, oder Kalbsleber.

Es existieren Varianten. Für alle von ihnen gilt, dass drei Eier pro Omelett die Obergrenze sind. Verwenden Sie mehr, so ist die Masse in der Pfanne fast unmöglich zu falten oder zu wenden.

Erste Variante: Sie vermengen drei rohe Eier miteinander, lassen alles auf einmal in eine heiße, ordentlich gebutterte Pfanne gleiten und rühren mit einem Holzlöffel in der Masse herum. Das muss schnell gehen, damit nichts anbräunt. Sollte die stockende Eimasse hier und da den Pfannenboden freigeben, halten Sie die Pfanne so schräg, dass nachfließende Substanz die Löcher schließt. Sodann wartet das Omelett neben dem Herd und gart von selbst weiter vor sich hin. Irgendwann ist es durchgegart, wenngleich an der Oberfläche noch feuchtglänzend. Nun können Sie es füllen und mit einem Spatel wie einen Briefumschlag an vier Seiten zuklappen. Aber Vorsicht: Es befindet sich viel Feuchtes auf der Oberseite, und das darf nicht irgendwo seitlich herausquellen.

Andere Variante: Sie schlagen das Eigelb separat, und mit einem Handmixer erzeugen Sie Eischnee aus dem Eiweiß. Dann verbinden Sie die beiden Substanzen vorsichtig miteinander. Jetzt können Sie wie oben vorgehen – mit einem Unterschied: Dies ist ein sehr schaumiges Omelett, und den Schaum können Sie nur dann ausreichend angaren, wenn Sie in Kauf nehmen, dass die Unterseite braun wird. Hilfe! Doch. Diesmal braun. Manche mögen es. Um den durchdringenden Geschmack der Unterseite auszutarieren, servieren Sie Cidre zum Omelett, gern auch schon morgens.

LEKTION
17

BASIS-OMELETT

Für 2 Personen
6 Eier
weißer Pfeffer
Salz
Butter
1 Schalotte
Tabascosauce
Worcestershiresauce
Sonnenblumen- oder Maisöl

GRUNDREZEPT

1. Butter, Pfeffer, Schalottenwürfel anschwitzen.
2. Eier trennen, Eiweiß salzen und schlagen.
3. Öl, Tabasco- und Worcestershiresauce ins Eigelb und schlagen.
4. Die Massen mischen.
5. Dünne Eimasse-Schicht in der Pfanne leicht stocken lassen, mit Spatel falten und nächste Schicht auf dem ganzen Pfannenboden verteilen, wieder falten et cetera.

Gemüsiges Grundgefühl

Omelett mit Tofu und Gemüsefond

Dass ich Fleischesser bin, wissen die Leserinnen und Leser dieses Büchleins. Aber natürlich fallen Gemüseabschnitte an, wenn ich koche, viele sogar. Das Innere von Tomaten und Gurken etwa, Champignon- und Petersilienstängel und was nicht alles. Weggeworfen wird es nicht, sondern klein geschnitten und zusammen mit Wasser, ungeschälten Zwiebeln, außerdem Karotten und Sellerie sowie einer Wacholderbeere, einem Lorbeerblatt und etwas Pfeffer ungefähr eine Dreiviertelstunde lang zu Gemüsefond gekocht. Abseihen, weiter einkochen, einfrieren.

Sobald wieder ein Omelett ansteht und ich ein gemüsiges Grundgefühl spüre, wird etwas von diesem Fond erhitzt, sodann nehme ich allen Mut zusammen und lege Tofuwürfel hinein. Die platziere ich neben das Omelett, streue Schnittlauchröllchen darüber und bin einen Moment lang Vegetarier.

Sie haben richtig gelesen: Tofu. Wegen der Konsistenz, er ist ebenfalls weich wie das Omelett und doch so andersartig, ein schönes Wechselspiel. Geschmackliche Akzente muss seine Bearbeitung hinzufügen.

Sie können ihn auch in Würfel schneiden und in einen Gefrierbeutel geben, in dem schon ein bisschen Mehl sowie etwas Paprikapulver auf ihn warten. Oder etwas Futaba Tarako Furikake. Huch? Also – das ist eigentlich eine japanische Gewürzmischung für Reis, die auch böse Dinge enthält, aber ich benutze sie hin und wieder. Wie auch immer, Sie schütteln den Beutel, bis die Tofustücke gut bemehlt sind. Danach vorsichtig in Öl anbraten, auf Küchenkrepp abtropfen lassen und neben das Omelett legen. Ein Tropfen Sojasauce dazu.

Zurück zum Gemüse. Manchmal mache ich mir die Mühe und stelle eine Brunoise her: eine Mischung aus winzigen, wirklich winzigen Würfeln von rohen Paprika und Zucchini – oder was immer gerade da ist. Sellerie, Fenchel, Karotten. Alles roh. Knackig, aber klein. Wieder macht die Konsistenz das Essvergnügen aus. Angefeuchtet wird die Brunoise mit stark eingekochtem Fond. Diese Mischung können Sie in einen der Zwischenräume tun, die unser gefaltetes Omelett aufweist. Sie können der Brunoise dann zwecks Bindung auch etwas rohes Eigelb hinzufügen.

Oder Sie schneiden alles in feine Streifen. Die würde ich noch kurz blanchieren, also in sprudelnd kochendes Wasser werfen, sofort wieder herausnehmen, kalt abduschen, abtrocknen. Das Ergebnis macht sich auf dem Omelett besser als darinnen. Erst recht, wenn Sie die Gemüsestreifen sodann leicht in Butter angedünstet haben.

LEKTION

18

FÜR DAS OMELETT MIT TOFU

- 1 Scheibe nicht zu weicher Tofu
- Mehl
- Paprikapulver
- Öl
- Sojasauce

FÜR DIE BRUNOISE

- Paprika und Zucchini
- etwas Geflügel-, Kalbs-, Rinder- oder Fischfond

BASIS-OMELETT

Für 2 Personen
6 Eier
weißer Pfeffer
Salz
Butter
1 Schalotte
Tabascosauce
Worcestershiresauce
Sonnenblumen- oder Maisöl

GRUNDREZEPT

1. Butter, Pfeffer, Schalottenwürfel anschwitzen.
2. Eier trennen, Eiweiß salzen und schlagen.
3. Öl, Tabasco- und Worcestershiresauce ins Eigelb und schlagen.
4. Die Massen mischen.
5. Dünne Eimasse-Schicht in der Pfanne leicht stocken lassen, mit Spatel falten und nächste Schicht auf dem ganzen Pfannenboden verteilen, wieder falten et cetera.

Französisch-Nachhilfe
Französisches Omelett nach Auguste Escoffier

Der legendäre Koch Auguste Escoffier (1846–1935) fasste das Grundprinzip eines gelungenen Omeletts so zusammen: »Homogenität der Eiermoleküle und Feuchtigkeit«. Wir wollen hier über den Begriff des Eiermoleküls nicht richten, aber dem Grunde nach hat Escoffier recht. Die Masse soll unbedingt Gleichmaß zeigen, und trocken fallen darf sie auch nicht. Wir fügen hinzu: keine Bräune. Nicht einen Anflug davon, bitte. Von Escoffier hat unsere Omelettschule auch den Grundsatz »Nie mehr als drei Eier pro Omelett!« übernommen sowie die Praxis, kurz vor dem Servieren eine Messerspitze Butter auf der Oberfläche des Omeletts zu verteilen, damit es glänzt (kleine Wiederholung für alle, die in der Omelettschule hin und wieder geschwänzt haben).

Viele der Omelettrezepte Escoffiers sind schwer zu verwirklichen (Schnepfen beispielsweise sind nicht leicht zu bekommen, Hahnenkämme und Makrelenmilcher ebenso), aber anregend sind einige schon. Er kochte beispielsweise Maronen in Kalbsfond, hackte sie sodann und legte sie in dickflüssig eingekochten Fond. Das können wir auch. Nur müssen wir die Maronen sehr fein hacken oder auch pürieren, damit sie zwischen die Schichten unseres Omeletts passen. Um das »Omelette Châtelaine« nach Escoffier zu vervollständigen, müssten wir es noch mit einer Geflügelsahnesauce umgeben, die mit Zwiebelpüree aufgemöbelt wurde. Das machen wir aber nicht. Die Geschmäcker haben sich verändert, und dieser Saucenüberfall beispielsweise kommt uns heute wie ein Angriff auf den feinen Eigeschmack vor. Lieber geben wir noch einen weiteren Klacks konzentrierten Fonds zum Omelett.

Moderner ist das Sauerampfer-Omelett, das Escoffier vorschlägt: Das Grünzeug in schmale Streifen schneiden, in Butter dünsten, mit frischem Kerbel vermischen und das Ganze ins Omelett packen. Ich finde, dazu würden angedünstete Streifen Salatgurke passen. Puristisch wäre es, als einzige Zutat Kerbel zu verwenden, davon aber reichlich. Ich habe das mal gemacht und hatte Freude damit.

In Escoffiers Kochbüchern zu blättern ist auch deswegen ein Vergnügen, weil sie den Leser auf Ideen bringen. Ich las einmal von Meerrettichbutter: Frischen Meerrettich fein raspeln, mit handwarmer Butter schön vermengen und das Ganze durch ein Käseleinen streichen. Mit dieser Butter lässt sich ein Omelett sehr schön verfeinern.

LEKTION

19

BASIS-OMELETT

Für 2 Personen
6 Eier
weißer Pfeffer
Salz
Butter
1 Schalotte
Tabascosauce
Worcestershiresauce
Sonnenblumen- oder Maisöl

GRUNDREZEPT

1. Butter, Pfeffer, Schalottenwürfel anschwitzen.
2. Eier trennen, Eiweiß salzen und schlagen.
3. Öl, Tabasco- und Worcestershiresauce ins Eigelb und schlagen.
4. Die Massen mischen.
5. Dünne Eimasse-Schicht in der Pfanne leicht stocken lassen, mit Spatel falten und nächste Schicht auf dem ganzen Pfannenboden verteilen, wieder falten et cetera.

Feines aus dem Wasser

Omelett mit Austern

Alles Leben stammt aus dem Meer. Obwohl es Religionen gibt, denen zufolge es aus dem Ei stammt. Was folgt daraus für uns? Wir kombinieren das Omelett – mal wieder – mit Meeresprodukten.

Nichts schmeckt so sehr nach Meer wie eine rohe Auster. Nur wollen ihre Konsistenz und der Geruch ihrer Flüssigkeit nicht so recht zum Omelett passen. Also pochieren wir sie. Wir öffnen sie über einer Schüssel, sieben die Flüssigkeit fein durch und erhitzen diese mit ein wenig Weißwein oder Champagner. Dann legen wir die Austern kurz hinein, sie sollen nur außen ein wenig koagulieren. Sodann legen wir sie aber nicht einfach nackt neben das Omelett, das wäre allzu direkt. Lieber betten wir sie auf ein Schiffchen von angedünstetem Chicorée.

Wovon ich wenig halte, sind panierte oder gratinierte Austern. Sie sind zwar Klassiker, aber des Guten zu viel, erst recht neben dem empfindlichen, feinen Omelett. Was allerdings geht: Die Austern zur Gänze durchgaren, sodann klein hacken, mit einem Küchentuch entfeuchten und das Gehäcksel in unser Omelett geben. Vielleicht mit etwas Petersilie.

Ein anderes Ding sind die Omelettvarianten mit Räucheraal. Der passt wunderbar, nur erhebt sich wieder die Frage, ob das Gericht nicht noch ein drittes, verbindendes Element benötigt. Ich finde: Eine Scheibe gebratenen Bauchspecks erfüllt diesen Zweck. Ein Tröpfchen dicker, süßer Sojasauce macht die Sache perfekt. Alternative: frisch geraspelter Meerrettich. Ach ja, und entfernen Sie die Haut von dem Stück Aal, das Sie neben das Omelett legen. Andere Räucherfische haben für meinen Geschmack ein zu durchdringendes Aroma, als dass ich sie mit einem zarten Omelett kombinieren würde.

Nun Krebsfleisch. Auf die umständliche Variante mit frischen Krebsen verzichten wir hier, es gibt sehr gute Dosenware. Sie müssen sie nur inspizieren – es sollten bitte keine Schalenreste ins Omelett gelangen. Lassen Sie das Krebsfleisch gut abtropfen, erwärmen Sie es leicht in Butter, und fummeln Sie es zwischen eine oder zwei Schichten des Omeletts. Würzen können Sie es mit weißem Pfeffer (geeignet wegen seines animalischen Dufts), mit Kerbel oder auch mit rosa Pfefferkügelchen, die Sie zuvor zerdrückt haben.

Spezialgeschäfte führen auch Algenbutter. Wer sie hat, braucht nur ein bisschen davon ins Omelett zu tun, und fertig ist ein feines Gericht. Sardellenbutter hingegen finde ich zu aufdringlich.

LEKTION 20

FÜR DAS OMELETT MIT AUSTERN

- 1 Dutzend frische Austern
- Weißwein
- 1 Chicorée

FÜR DAS OMELETT MIT RÄUCHERAAL

- Räucheraal
- 1 Scheibe Bauchspeck
- Sojasauce

FÜR DAS OMELETT MIT KREBSFLEISCH

- Krebsfleisch
- Butter
- weißer Pfeffer

BASIS-OMELETT

Für 2 Personen
6 Eier
weißer Pfeffer
Salz
Butter
1 Schalotte
Tabascosauce
Worcestershiresauce
Sonnenblumen- oder Maisöl

GRUNDREZEPT

1. Butter, Pfeffer, Schalottenwürfel anschwitzen.
2. Eier trennen, Eiweiß salzen und schlagen.
3. Öl, Tabasco- und Worcestershiresauce ins Eigelb und schlagen.
4. Die Massen mischen.
5. Dünne Eimasse-Schicht in der Pfanne leicht stocken lassen, mit Spatel falten und nächste Schicht auf dem ganzen Pfannenboden verteilen, wieder falten et cetera.

McILHENNY CO.
BRAND
PEPPER SAUCE

Bitte wenden

Rettungsmaßnahmen für das Omelett

Was tun, wenn alles schiefgeht? Wenn das Omelett zu scheitern droht? Und Sie keine Lust oder nicht genügend Eier haben, um von vorn zu beginnen? Gehen wir die möglichen Misslichkeiten durch.

Obwohl ich pro Jahr sicherlich fünfzigmal Omeletts zubereite, und das bedeutet: hundert Portionen, geht das Umklappen manchmal schief; und anstatt eines akkuraten Halbmonds findet sich ein chaotisches Haufengebilde in der Pfanne. Das ist nicht schlimm. Unsere Methode beruht ja darauf, dass wir das Omelett aus mehreren Schichten aufbauen, und für die Optik kommt es vor allem auf die letzte Schicht an. Heben Sie den Haufen also mit dem Spatel an, Pfanne schräg halten, wieder eine Kelle Eimasse auf dem ganzen Pfannenboden verteilen – und weitermachen, als wäre nix vorgefallen. Das setzt natürlich voraus, dass noch frische Eimasse übrig ist.

Ärgerlicher ist es, wenn das Omelett am Pfannenboden ansetzt. Da hilft nur eins: Abkratzen, in einer weiteren Pfanne – aber diesmal mit ganz viel Butter! – frische Eimasse verteilen, das abgekratzte Zeugs drauftun und es in dem neu zubereiteten Omelett verstecken.

Noch ärgerlicher: Eine Schicht wird braun, weil Sie nicht aufgepasst haben. Wieso haben Sie eigentlich nicht aufgepasst? Sie müssen aufpassen! Nun also: In diesem Fall hilft starkes Würzen. Vielleicht haben Sie Harissa im Haus, eine brutal scharfe maghrebinische Chilipaste, die Sie auf die braune Schicht streichen können. Oder Sie mischen Frischkäse mit viel Paprikapulver plus Tabasco, das erfüllt den gleichen Zweck. Dann ist Ihr Omelett eben eines »auf Piratenart« und soll so. Es hat einen etwas abenteuerlichen Geschmack, aber wenn Sie ein sanftes Gemüse danebenlegen (gedünsteten Porree etwa), dann geht das schon. Weitermachen, als wäre nix vorgefallen.

Es kann auch geschehen, dass Ihr Omelett zu trocken ausfällt. Dann können Sie versuchen, es noch einmal aufzuklappen, um Butter hineinzutun. Oder Sie umgeben es mit einer auffälligen Sauce. Ist Ihr Omelett hingegen zu flüssig geraten, dann legen Sie es einfach kurz unter den Grill.

LEKTION 21

FÜR RETTUNGSMASSNAHMEN

- scharfe Würzpaste wie Harissa
- außerdem immer ein paar Eier in Reserve halten

BASIS-OMELETT

Für 2 Personen
6 Eier
weißer Pfeffer
Salz
Butter
1 Schalotte
Tabascosauce
Worcestershiresauce
Sonnenblumen- oder Maisöl

GRUNDREZEPT

1. Butter, Pfeffer, Schalottenwürfel anschwitzen.
2. Eier trennen, Eiweiß salzen und schlagen.
3. Öl, Tabasco- und Worcestershiresauce ins Eigelb und schlagen.
4. Die Massen mischen.
5. Dünne Eimasse-Schicht in der Pfanne leicht stocken lassen, mit Spatel falten und nächste Schicht auf dem ganzen Pfannenboden verteilen, wieder falten et cetera.

OPINEL

Sieht herbstlich aus, schmeckt aber auch im Frühling

Omelett mit Maronen

Meine morgendliche Omelettroutine beginnt damit, dass ich erst einmal frisch gemahlenen weißen Pfeffer in die Pfanne streue und ihn so lange heiß werden lasse, bis er duftet. Erst dann kommt eine klein gehackte Schalotte hinzu, außerdem ein großer Klacks Butter. Ich rühre das alles mehrmals um und wache währenddessen langsam auf. Die Schalottenstückchen sollen nur süß und glasig werden, also ziehe ich die Pfanne beizeiten von der Kochplatte.

Diesmal aber kommt noch etwas anderes in die Startmischung: klein gehackte Esskastanien. Wir verwenden fertig gegarte; darum sind für unsere Zwecke die eingeschweißten aus dem Supermarkt perfekt. Auch sie sollen nicht zu viel Hitze bekommen, da darf nix angebrannt riechen. Wenn ich anschließend die Eimischung hineingebe, rühre ich zunächst so lange um, bis alle Einzelteile gleichmäßig verteilt sind. Sodann geht es weiter wie immer.

Fehlt allerdings noch die passende Sauce. Für sie verwende ich dunklen Rinder- oder Kalbsfond, selbst gemachten. Den koche ich ein, bis er recht dick ist, und gebe ebenfalls klein gehackte Maronen hinzu. Sie können diese Sauce auch noch mit Portwein verfeinern oder mit eiskalter Butter aufmontieren, also andicken. Kürzlich nahm ich einen Fond, für dessen Zubereitung ich auch Trockenpilze verwendet hatte, der passte außerordentlich gut. Sie können stattdessen auch am Vorabend einen Pilzfond herstellen (aus frischen oder getrockneten Pilzen) und den in den Rinderfond kippen, bevor Sie ihn einkochen. In jedem Fall eignen sich ein paar zerdrückte Wacholderbeeren, um die Grundlage für die Sauce zu aromatisieren. Rosmarin passt auch.

Selbstverständlich können Sie noch ein paar klitzekleine ganze Champignons, die Sie vorher im Fond gar gezogen haben, irgendwo auf dem Teller platzieren. In Peking war ich einmal in einem buddhistischen Restaurant, das ein Gericht, in dem viele Zutaten aus dem Wald verwendet wurden, mit einem sehr kleinen Schäufelchen dekorierte, auf dem ein Pilz lag. Fehlte nur noch der Gartenzwerg.

Haben Sie das Omelett auf diese Weise zubereitet, dann muss ein frischer Ausgleich her. Sie wissen schon, in solchen Fällen lege ich gerne klitzekleine Gurken- oder Zucchiniwürfel daneben, mit einem Spritzer Limette. Ein paar Streifen angemachten grünen Salats würden auch passen.

LEKTION

22

FÜR DAS OMELETT MIT MARONEN

- 1 Packung vorgekochte, geschälte Maronen
- Rinderfond
- frische oder getrocknete Pilze
- Wacholderbeeren
- Rosmarin
- Salatgurke oder Zucchini
- Limetten- oder Zitronensaft

BASIS-OMELETT

Für 2 Personen
6 Eier
weißer Pfeffer
Salz
Butter
1 Schalotte
Tabascosauce
Worcestershiresauce
Sonnenblumen- oder Maisöl

GRUNDREZEPT

1. Butter, Pfeffer, Schalottenwürfel anschwitzen.
2. Eier trennen, Eiweiß salzen und schlagen.
3. Öl, Tabasco- und Worcestershiresauce ins Eigelb und schlagen.
4. Die Massen mischen.
5. Dünne Eimasse-Schicht in der Pfanne leicht stocken lassen, mit Spatel falten und nächste Schicht auf dem ganzen Pfannenboden verteilen, wieder falten et cetera.

Eigenartig schön
Japanisches Omelett

Jetzt wird unser Omelett japanisch. Wir halten zunächst an unserer hergebrachten (letztlich aus Japan stammenden) Zubereitungsmethode fest, stellen also ein Omelett aus mehreren Schichten her. Aber die Eimischung ändert sich. Zuerst geben wir je einen Teelöffel Sake und Mirin hinzu; Mirin ist ein süßer Reiswein, den man eh im Hause haben sollte, denn er ist eine interessante Alternative zu Süßmitteln wie Ahornsirup, Honig oder Zucker. Außerdem kommt ein Schnapsgläschen Dashi in die Mischung. Das ist eine Fischbrühe, die wir so herstellen: In einen halben Liter Wasser legen wir einen schmalen Streifen Kombu, also getrockneten Seetang, den wir vorher klein geschnitten haben. Langsam aufkochen, Seetang wieder entfernen, ein paar Bonitoflocken einrühren (das ist getrockneter und geräucherter Fisch). Wieder aufkochen, ziehen lassen. Wie lange? Na ja, wie es gerade passt. Danach abseihen, Dashi fertig. Und zwar mehr als nur für ein Omelett. Den Rest können Sie einfrieren. Schmeckt gut im Reis.

So, wenn Sake, Mirin und Dashi in die Eimischung gerührt sind, kommt noch der übliche Schuss Öl hinein, und ab in die Pfanne, wie gehabt. Ihr Omelett schmeckt dann eigenartig schön. Leicht süßlich und ein wenig nach Fischmarkt.

Ganz anders ist das Gericht, das »Omuraisu« heißt. Es ist weit über Japan hinaus verbreitet. Auf den Teller kommt ein Ball Reisfleisch nach beliebigem Rezept und auf den Ball das Omelett. Sehr hübsch ist die Variante in Rosettenform: Sie tun die Eimischung für eine Person (also drei Eier) auf einmal in die Pfanne, in der Sie vorher Öl statt Butter (wir sind in Asien) erhitzt haben. Sobald das Omelett unten fest wird, nehmen Sie die ortsüblichen Kochstäbchen in die Hand und führen mit einer einzigen zirkelähnlichen Greifbewegung den Osten und den Westen des Omelett-Vollmonds bis zur Mitte zusammen. Dort festhalten, während Sie langsam die Pfanne drehen. Mit etwas Glück entsteht ein spiralförmiges Gebilde. Sobald es stabil genug ist, legen Sie es auf den Reiskloß. Spektakulär! Wenn auch handwerklich nicht einfach.

Oder Sie lassen dünne Omeletts (jeweils ein Ei pro Stück) recht trocken werden (ohne Bräunung, also gemach!) und schnüren mit ihnen kleine Beutel, die Sie beliebig füllen, zum Beispiel mit gehackten Shrimps in Zitronensaft und Sesamöl. Zusammengebunden werden sie mit Schnittlauch. Auch das erfordert viel Aufmerksamkeit beim Zubereiten und beim Essen. Aber darum geht es in unserer Omelettschule ja auch.

LEKTION 23

FÜR DAS JAPANISCHE OMELETT

- Sake
- Mirin
- Kombu
- Bonitoflocken
- Öl

BASIS-OMELETT

Für 2 Personen
6 Eier
weißer Pfeffer
Salz
Butter
1 Schalotte
Tabascosauce
Worcestershiresauce
Sonnenblumen- oder Maisöl

GRUNDREZEPT

1. Butter, Pfeffer, Schalottenwürfel anschwitzen.
2. Eier trennen, Eiweiß salzen und schlagen.
3. Öl, Tabasco- und Worcestershiresauce ins Eigelb und schlagen.
4. Die Massen mischen.
5. Dünne Eimasse-Schicht in der Pfanne leicht stocken lassen, mit Spatel falten und nächste Schicht auf dem ganzen Pfannenboden verteilen, wieder falten et cetera.

Eine gute Bekannte mit neuer Frisur

Omelett mit Petersilie

Es gibt Hotels, in denen man zum Frühstück ein Omelett bestellen kann. Sinnvollerweise steht der Koch meist im Frühstücksraum, denn wegen jedes Omeletts den Service hin- und herzuschicken wäre wirklich albern. Außerdem soll das Gericht nicht lange stehen, denn an der Luft trocknet seine Oberfläche schnell aus.

Ich freue mich jedes Mal, den Köchen bei der Arbeit zuzusehen, und dies gleich vorweg: Um die Ausbildung der Hotelköche muss man sich im Großen und Ganzen keine Sorgen machen. Da wird zügig und konzentriert mit dem Spatel hin- und hergeschoben, nichts wird braun, es ist kein Mehl im Spiel, und meistens weisen die Omeletts feine Schichten auf. Die Füllungen und Beilagen sind oft banal – ungewürzte Gemüsewürfel, Schinken und dergleichen. Andererseits wäre es auch zu umständlich, den Gästen die Wahl zwischen den vielen Varianten zuzumuten, wie sie dieses Buch bietet. Und warten wollen die Leute morgens ja auch nicht.

Wir indessen haben mehr Zeit, nicht wahr? Und deshalb machen wir diesmal ein bisschen Spaß mit Petersilie.

In die Eimischung kommt schon mal fein gewiegte glatte Petersilie. So viel, wie Sie wollen. Außerdem schneiden wir eine Petersilienwurzel klein, oder auch zwei, und kochen sie mit zwei gleichen Teilen Milch und Sahne, bis die Wurzel richtig weich ist. Nun das Gemüse pürieren, ordentlich Butter daruntermischen und mit Salz, Pfeffer und Muskat abschmecken. Das Püree verteilen wir in hübschen Klecksen rund um unser Omelett. Aber es kommt noch etwas hinzu: ein grünes Petersilienpüree. Glatte Petersilienblätter waschen, kurz in kochendes Wasser geben, danach eiskalt abschrecken, mit etwas Hühnerbrühe pürieren – und ebenfalls mit Butter verarbeiten. Salzen. Das ergibt grüne Kleckse, auch schön. Schließlich etwas krause Petersilie frittieren, obwohl, na ja, das muss vielleicht nicht auch noch sein.

Werfen Sie die Petersilienstängel nicht weg, bitte. Sie können sie einfrieren und für die Zubereitung Ihrer nächsten Hühnerbrühe nutzen. Überhaupt wird die Petersilie kulinarisch unterschätzt. Vielleicht liegt es daran, dass sie im wirtschaftswunderlichen Nachkriegsdeutschland in ihrer etwas derberen krausen Variante als Universalkraut verwendet wurde, vor allem aus optischen Gründen. Damals gab es beinahe kein Gericht ohne schmückendes Petersilienblatt. Der Höhepunkt war dann die Werbung mit dem Katzenfutter, auf dem die liebe Katzenmama so ein Blatt platzierte. Guten Appetit.

LEKTION 24

FÜR DAS OMELETT MIT PETERSILIE

- 1 Bund glatte Petersilie
- 1–2 Petersilienwurzeln
- Milch
- Sahne
- Butter
- Salz
- Pfeffer
- Muskat

BASIS-OMELETT

Für 2 Personen
6 Eier
weißer Pfeffer
Salz
Butter
1 Schalotte
Tabascosauce
Worcestershiresauce
Sonnenblumen- oder Maisöl

GRUNDREZEPT

1. Butter, Pfeffer, Schalottenwürfel anschwitzen.
2. Eier trennen, Eiweiß salzen und schlagen.
3. Öl, Tabasco- und Worcestershiresauce ins Eigelb und schlagen.
4. Die Massen mischen.
5. Dünne Eimasse-Schicht in der Pfanne leicht stocken lassen, mit Spatel falten und nächste Schicht auf dem ganzen Pfannenboden verteilen, wieder falten et cetera.

Reise nach Übersee

Omelett mit Papaya

Draußen Regen, Matsch und Schnee? Da fährt das Omelett doch lieber in den Urlaub, und zwar in die Tropen. Dort trifft es sich mit einer vollreifen Papaya. Die wird in gabelfertige Stücke zerteilt, auf die wir etwas Salz streuen (das habe ich auf Trinidad gelernt). Das allein ist schon ein erfreulicher Akzent, und wenn Obst sonst auch nicht zum Omelett passt (jedenfalls solange es keine Nachspeise ist), in diesem Fall verhält es sich anders: Die Papaya hat eine fleischige Konsistenz, ist weder zu süß noch zu sauer, und das Salz darauf stellt die geschmackliche Brücke zum Omelett dar. Einen optischen Akzent setzen Sie, wenn Sie außerdem noch sehr dünne Streifen (gewaschener und getrockneter) Gurkenschale über die rötliche Papaya legen.

Der tropische Effekt lässt sich steigern. Wenn Sie am Vorabend Hühnerbrust gebraten haben, dann können Sie den kalt gewordenen Rest in feine Streifen schneiden und diese dann mit einer Marinade anrichten, die aus dem Saft von geraspeltem und ausgedrücktem Ingwer besteht, etwas Limettensaft und Erdnussöl. Streuen Sie geriebene Limettenschale darüber, vielleicht auch ein wenig Sesam, dann ist alles perfekt.

Neben unserem Übersee-Omelett liegen Streifen aus Kokosnuss (gibt's im Asia-Laden). Oder Bananenchips, und die machen wir selbst: Backblech mit Backpapier auslegen, dünne Bananenscheiben drauf, mit Zitronensaft bestreichen. Im Backofen bei etwa 60 Grad Umluft trocknen, rund acht Stunden. Ab und zu umdrehen. Eine kubanisch inspirierte Beilage wiederum wären Käsestücke (nicht zu würzige, vielleicht ein Provolone dolce), die mit Guavenkonfitüre bestrichen sind. In diesem Fall würde ich das Omelett etwas kräftiger würzen, um einen schönen Kontrast zu haben, etwa mit Piment d'Espelette oder Cayennepfeffer.

So kommen Urlaubsgefühle auf. Erst recht, wenn Sie etwas Muskat oder einen Schuss Angostura in den Morgenkaffee geben. Und warum nicht den Tag in diesem Stil fortsetzen? Mit Salsa oder Reggae, mittags dann Reis und schwarze Bohnen, danach vielleicht etwas Rum oder gar eine Zigarre. Die Palmen und das Meer denken wir uns dazu, und abends schauen wir *Fluch der Karibik*. Ein Omelett kann einen wirklich auf Ideen bringen.

LEKTION
25

FÜR DAS OMELETT MIT PAPAYA

- ½ Papaya
- Salz
- getrocknete Gurkenschale

BASIS-OMELETT

Für 2 Personen
6 Eier
weißer Pfeffer
Salz
Butter
1 Schalotte
Tabascosauce
Worcestershiresauce
Sonnenblumen- oder Maisöl

GRUNDREZEPT

1. Butter, Pfeffer, Schalottenwürfel anschwitzen.
2. Eier trennen, Eiweiß salzen und schlagen.
3. Öl, Tabasco- und Worcestershiresauce ins Eigelb und schlagen.
4. Die Massen mischen.
5. Dünne Eimasse-Schicht in der Pfanne leicht stocken lassen, mit Spatel falten und nächste Schicht auf dem ganzen Pfannenboden verteilen, wieder falten et cetera.

DARK
WITH
ROBUST
TASTE
GRADE A
PURE MAPLE SYRUP

Wilder Westen

Amerikanisches Omelett

Machen wir das Omelett wieder groß! Eine amerikanische Variante wäre die mit Ketchup. Halt, stopp, nicht weglaufen! Wir stellen unser Ketchup selbst her, und es wird ein Hochgenuss sein, nicht nur zum Omelett.

Wir halbieren Tomaten und schneiden alles Grüne heraus. Sie kommen in einen Topf, ebenso wie etwas Knoblauch (wenn Sie mögen). Ich würde ja auch Chilischoten entkernen, klein schneiden und hinzugeben, vielleicht Ingwer. Aufkochen, dann bei kleiner Hitze vor sich hin arbeiten lassen, rund 20 Minuten, dann abkühlen lassen. Durch ein Sieb in einen Topf passieren, nach Belieben Ahornsirup, eine Spur Essig sowie Salz zufügen. Unter Rühren einkochen, bis Sie dicke Pampe haben. Kalt stellen.

Unser Omelett verträgt durchaus einen Klacks davon. Jedenfalls, wenn es amerikanisch daherkommt: mit Kartoffelchips, voll durchgebratenem Bacon oder Mais. Nicht dem aus der Dose, bitte. Wir legen frische Kolben in ungesalzenes, sprudelnd heißes Wasser, ziehen den Topf vom Herd und lassen sie eine Viertelstunde lang ziehen (Salz und zu langes Kochen machen die Körnerhaut hart). Danach abkühlen lassen. Kurz vor dem Servieren den Kolben mit einem starken Brotmesser in knabbergerechte Scheiben schneiden und in Butter leicht erwärmen, schließlich noch Cayennepfeffer darauf. Oder Sie legen frisch gebratene Putenstreifen neben das Omelett, die zum Schluss kurz mit Ahornsirup und Limettensaft aufgepeppt wurden.

Tja, und dann gibt es noch »Hangtown Fry«, das ich allerdings nur zur Vervollständigung Ihres Omelettwissens erwähne; ich esse so etwas nicht. Man haut dazu Eier, Schinken und Austern zusammen in die Pfanne und faltet das Resultat. Es handelt sich um ein traditionelles Gericht aus Amerika, um dessen Entstehung sich viele Legenden ranken. Eine geht so: In einer Stadt, in der es viele Hinrichtungen gab, bat ein zum Tode Verurteilter um eine letzte Mahlzeit, bestehend aus Eiern, Schinken und Austern. Alles Zutaten, für deren Beschaffung man mehr als eine Tagesreise unterwegs sein musste.

Der Wilde Westen. Jetzt noch ein Marshmallow in den Frühstückskaffee, und wir sind bestens darauf vorbereitet, uns Countrymusic anzuhören. Oder CNN zu schauen.

LEKTION
26

FÜR DAS AMERIKANISCHE OMELETT

- Tomaten
- Knoblauch
- Chilischoten
- Ingwer
- Ahornsirup
- Essig
- Salz
- Kartoffelchips
- Bacon
- Maiskolben
- Butter
- Cayennepfeffer

BASIS-OMELETT

Für 2 Personen
6 Eier
weißer Pfeffer
Salz
Butter
1 Schalotte
Tabascosauce
Worcestershiresauce
Sonnenblumen- oder Maisöl

GRUNDREZEPT

1. Butter, Pfeffer, Schalottenwürfel anschwitzen.
2. Eier trennen, Eiweiß salzen und schlagen.
3. Öl, Tabasco- und Worcestershiresauce ins Eigelb und schlagen.
4. Die Massen mischen.
5. Dünne Eimasse-Schicht in der Pfanne leicht stocken lassen, mit Spatel falten und nächste Schicht auf dem ganzen Pfannenboden verteilen, wieder falten et cetera.

Farbexperimente
Bayol, Turbigo und Doria

Manchmal erfinde ich Namen für die Omeletts, die ich serviere. Die heißen dann beispielsweise »Nervöse Frühlingsblumen schauen dich an« oder »Eier im Weltraum«. Aber es gibt auch ernsthafte Namen für Omeletts, sie leiten sich ab von den Garnituren.

Das Omelett »Bayol« ist ein Beispiel. Es macht uns folgende Arbeit: Das Omelett selbst bereiten wir nach dem Grundrezept zu, ergänzt um frisch geriebenen Parmesan und etwas Muskat, ebenfalls frisch gerieben. Zuvor hatten wir Gummihandschuhe übergestreift, um uns den Schwarzwurzeln zu nähern (es tritt ein Saft aus, der oxidiert und hartnäckige Flecken verursacht). Sie wurden geschält und sofort in Zitronenwasser gelegt, ebenfalls wegen der Oxidation. Wir teilten sie in Stücke, und die garten wir erst in kochendem Wasser zur Hälfte fertig (Gabelprobe!), jetzt aber dünsten sie in Butter mit Knoblauchstücken noch ein wenig vor sich hin, während unser Omelett dem Finish entgegenstrebt. Das Omelett »Bayol« wird mit den Butterwurzeln garniert, und auf einer trocken gebliebenen Seite des Tellers locken gebratene Kartoffelwürfel. Rustikal, zugegeben.

Die Garnitur namens »Turbigo« ist ebenfalls kraftvoll, aber es gibt ja Momente, da braucht man ein substanzielleres Frühstück. Das Omelett »Turbigo« wird von einer nach dem Braten klein geschnittenen Chipolata begleitet, einer Kalbswurst, deren Bratensatz mit Weißwein abgelöscht und mit Fond sowie etwas frisch zubereitetem Tomatensaft eingekocht wurde. Das Omelett können Sie mit schönen großen Salbeiblättern belegen, die Sie durch verquirltes Ei gezogen und dann schwimmend im Fett ausgebacken haben.

»Doria« ist der Name einer besonders einfachen, aber heiteren und passenden Garnitur: Sie schälen eine Salatgurke und schneiden Stücke daraus in Ovale; noch hübscher sind kleine Perlen, mit einem Melonenausstecher geformt. In Butter andünsten, fertig. Das Omelett selbst sollte in diesem Fall ohne geschmackliche Extras auskommen, das Wechselspiel von Ei und Gurke steht im Mittelpunkt.

In anderen Fällen sind es die Farben, die mich zu Namen inspirieren. Mir gefallen vor allem die Farben von Nationalflaggen. Gold oder Gelb, das ist das Omelett. Rot, das sind Paprika, Tomaten, rote Bohnen. Grün sind die Kräuter sowie Blätter und Pürees von Spinat und dergleichen. Blau geht mit ein wenig Fantasie auch, denken Sie an Kornblumenblüten oder von mir aus an ein Scheibchen Blauschimmelkäse. Und natürlich gibt es diese fantastischen blauen Kartoffeln, die mit viel Butter zerstampft werden. Na ja, und Schwarz, das ist dann eben der Kaffee dazu.

LEKTION
27

FÜR DAS
OMELETT BAYOL

- frisch geriebener Parmesan
- Muskat
- Schwarzwurzeln
- Butter
- Knoblauch
- Kartoffeln

BASIS-OMELETT

Für 2 Personen
6 Eier
weißer Pfeffer
Salz
Butter
1 Schalotte
Tabascosauce
Worcestershiresauce
Sonnenblumen- oder Maisöl

GRUNDREZEPT

1. Butter, Pfeffer, Schalottenwürfel anschwitzen.
2. Eier trennen, Eiweiß salzen und schlagen.
3. Öl, Tabasco- und Worcestershiresauce ins Eigelb und schlagen.
4. Die Massen mischen.
5. Dünne Eimasse-Schicht in der Pfanne leicht stocken lassen, mit Spatel falten und nächste Schicht auf dem ganzen Pfannenboden verteilen, wieder falten et cetera.

Eier-Welten
Internationale Verwandte des Omeletts

Aus einem Ei sei die Welt entstanden, so wollen es viele Religionen, wir sprachen schon einmal davon. Doch in Wahrheit sind aus dem Ei viele unterschiedliche Welten entstanden, eine davon ist die des Omeletts, aber es gibt ja auch noch Soufflés, Suppen, Rühr- und Spiegeleier, die gefüllten und die verlorenen, die konservierten und die zu Mayonnaise und anderen Saucen verarbeiteten Eier und was nicht alles. Die Küche kennt keinen vielseitigeren Bewohner als das Ei. Ja, selbst die kleine Welt der Omeletts ist bunt, wie Sie mittlerweile wissen. Unsere Omelettschule behandelt nur einen kleinen Ausschnitt.

Blicken wir einmal über den Zaun. Was sehen wir? Das sogenannte italienische Omelett, auch Frittata genannt. Die Masse aus geschlagenen Eiern wird mit Zutaten versetzt, oft sind es Gemüse, gern Pilze, Schinken oder Garnelen gehen auch. Schön verrühren, und dann kommt alles auf einmal in die Pfanne. Nun dauert es recht lange, denn wir wollen, dass die Frittata nur ganz oben halbflüssig bleibt, der Rest soll fest sein und dennoch der Boden nicht schwarz. Braun darf er diesmal werden. Umgeklappt wird hier nichts; man kann, wenn man will, die Frittata noch kurz unter den heißen Grill schieben. Und nun kommt's: Mein Fall ist dieses Gericht zwar nicht, wenn es warm serviert wird. Kalt aber, stückchenweise zum Aperitif gereicht, ist es auch mir willkommen.

Origineller finde ich die chinesischen Dampfeier, ferne Verwandte des Omeletts. Drei Eier werden mit der gleichen Menge Wasser verschlagen, oder mit Wasser plus Fond. Sie können auch etwas Sojasauce hinzugeben. In einen tiefen Teller tun, ihn mit einem weiteren Teller abdecken und das Ganze auf den Dämpfeinsatz Ihres Kochtopfs. Ich habe gute Erfahrungen mit einem Dampfgarer gemacht. Nach spätestens 15 Minuten (Sie müssen da ein wenig experimentieren) sollten die Dampfeier fertig sein. Sind sie Ihnen gelungen, dann weist das Gericht eine zarte Konsistenz auf. Sie steht im Vordergrund dieser überraschenden Vorspeise, weshalb wir mit Beigaben vorsichtig sind.

Tja, und dann gibt es noch das »Flat Egg« der Briten. Einfach ein geschlagenes Ei in die Butterpfanne und den entstandenen Lappen aufs Brot. Mit Salz. Sehr pragmatisch. Unspektakulärer geht es wohl kaum. Sagen wir's mal so: für Notfälle.

LEKTION 28

BASIS-OMELETT

Für 2 Personen
6 Eier
weißer Pfeffer
Salz
Butter
1 Schalotte
Tabascosauce
Worcestershiresauce
Sonnenblumen- oder Maisöl

GRUNDREZEPT

1. Butter, Pfeffer, Schalottenwürfel anschwitzen.
2. Eier trennen, Eiweiß salzen und schlagen.
3. Öl, Tabasco- und Worcestershiresauce ins Eigelb und schlagen.
4. Die Massen mischen.
5. Dünne Eimasse-Schicht in der Pfanne leicht stocken lassen, mit Spatel falten und nächste Schicht auf dem ganzen Pfannenboden verteilen, wieder falten et cetera.

Bezaubernde kleine Halbmonde
Mini-Omelett

Drei Eier pro Person, maximal sechs (na gut: sieben) pro Omelett, so lautet unsere Regel. Hier kommt die Ausnahme: Mini-Omeletts. Jedes entsteht aus einem einzigen Ei. Besorgen Sie sich ein oder zwei kleine Pfännchen, höchstens handtellergroß. Und nun wird nach dem Grundrezept gearbeitet wie bisher auch, nur mit sehr viel mehr Geschick.

Die ersten Male geht es vielleicht schief, so ist es eben manchmal in der Schule. Aber das Ergebnis sind bezaubernde kleine Halbmonde, mit Schichten wie die Großen. Versuchen Sie das auch einmal mit Wachteleiern, in diesem Fall mit drei pro Pfännchen. In Wachteleiern ist das Verhältnis von Dotter zu Eiweiß größer, und das ist hochwillkommen.

Indes – was fängt man mit derartigen Miniaturen an? Nun, entweder sind sie zusammen mit den Beilagen, wie Sie sie in der Omelettschule gelernt haben, kleine Amuse-Gueules. Oder aber sie sind selbst Beilage. Etwa zu einem Kalbsschnitzel, vielleicht zusammen mit ein paar Streifen Salzgurke. Andere Variante: Sie legen die Kleinen neben ein Schwarzbrot mit Butter und Schinken. Plus Schnittlauch.

Eine andere Art, Omeletts zu servieren, sind Rollen. Sie bereiten Ihr Omelett nach dem Grundrezept zu, achten aber diesmal penibel darauf, dass die Oberfläche jeder Schicht, bevor Sie sie aufrollen, nicht mehr flüssig ist (sämig darf sie noch sein). Das Resultat schneiden Sie nun in einzelne Rollen, die Sie zusammen mit Röllchen von Räucherlachs und Frischkäse servieren.

Diese Rollen haben ein Vorbild: Tamago. Erster Schritt: Besorgen Sie sich eine Tamago-Pfanne. Das ist eine rechteckige Omelettpfanne aus Japan.

Sie kennen Tamago übrigens: Das sind die kalten Sushi-Eierrollen auf Klebreis. Man kann sie auch ohne diesen Reis verwenden, als Beilage zu Kochschinken zum Beispiel, oder zu Krabben. Tamago bereiten Sie wie das Omelett zu, das ich Ihnen bereits in Lektion 23 beschrieben habe, nur eben, dass die Tamago-Rolle rechteckig ist und in Scheiben geschnitten sowie anschließend kalt serviert wird.

Sie ist auch eine gute Unterlage, um Kaviar draufzutun, darunter aber bitte eine dünne Scheibe Toast, denn so ein Tamago-Röllchen fällt gerne mal auf dem Weg zum Mund auseinander.

LEKTION

29

BASIS-OMELETT

Für 2 Personen
6 Eier
weißer Pfeffer
Salz
Butter
1 Schalotte
Tabascosauce
Worcestershiresauce
Sonnenblumen- oder Maisöl

GRUNDREZEPT

1. Butter, Pfeffer, Schalottenwürfel anschwitzen.
2. Eier trennen, Eiweiß salzen und schlagen.
3. Öl, Tabasco- und Worcestershiresauce ins Eigelb und schlagen.
4. Die Massen mischen.
5. Dünne Eimasse-Schicht in der Pfanne leicht stocken lassen, mit Spatel falten und nächste Schicht auf dem ganzen Pfannenboden verteilen, wieder falten et cetera.

mono

Bestanden!
Ein Ausblick

Mit dieser Lektion kommen wir am Ende unserer kleinen Schulzeit an. Sie umfasste weitaus mehr als hundert Varianten, Omeletts zuzubereiten. Ihnen ist vielleicht aufgefallen, dass nicht die schnelle Zubereitung im Vordergrund stand, und auch, dass die derzeit beliebte Seelennahrung keinen Platz hatte – also solche Speisen, die heimeliges Wohlsein aufkommen lassen sollen, warme Sattheit und kuschelige Gefühle. Das Omelett ist kein Hygge-Gericht und kein Soulfood, sondern, wenn es gelingt, ein Spiel mit Andeutungen; es ist vielschichtig und nicht eintopfig, konstruiert und nicht zusammengerührt, es ist Cool Jazz statt Kuschelrock. Wenn es denn gelingt.

Wenn Sie alle Lektionen gelesen haben, dann kennen Sie jetzt auch das Wechselspiel von Formenstrenge und Freiheit. Auf Konsistenz und Form ist penibel zu achten, aber was die Zutaten und Beilagen anbetrifft, existieren kaum Beschränkungen, abgesehen von den Grenzen unserer Fantasie. Gewiss, das Omelett soll zart sein und nicht trocken oder braun, es soll tänzeln dürfen, anstatt sich gegen allzu deftige Aromen freikämpfen zu müssen. Aber das sind wenige Parameter, die immer noch einen unermesslichen Raum der Möglichkeiten offenhalten.

Prosaischer ausgedrückt: Omeletts sind prächtige Resteverwerter. Vom Braten ist etwas übrig, von der Sauce, den Pellkartoffeln, Röstzwiebeln, Karotten oder von der Käseplatte? Vom Portwein gar? Alles Ausgangspunkte, um sich am nächsten Morgen Gedanken zu machen. Wenn ich am Wochenende ausschlafen kann, kreisen meine ersten Gedanken darum, welches Omelett die Küche diesmal für das Frühstück hergibt. Im Ernst! Nennen Sie es verrückt. Aber was spricht dagegen, den Tag kreativ zu beginnen?

Die Rezepte dieser Omelettschule, meist ein bisschen aufwendig, seien »typisch Mann«, hat mir eine Leserin vorgehalten. In diesem Einwand klingt die Auffassung durch, Frauen seien für das Praktische zuständig, den Haushalt nämlich, und Männer die kreativen Künstler. Eine altmodische Vorstellung. Im Übrigen sei daran erinnert, dass ich meine Omeletts alle, und in erster Linie, für meine Frau zubereite. Ihr habe ich versprochen, im kommenden Jahr viele verschiedene Soufflés auszuprobieren. Aber dafür muss ich jetzt selbst in die Schule gehen.

Ich hoffe, Sie hatten Spaß an alledem.

LEKTION

30

BASIS-OMELETT

Für 2 Personen
6 Eier
weißer Pfeffer
Salz
Butter
1 Schalotte
Tabascosauce
Worcestershiresauce
Sonnenblumen- oder Maisöl

GRUNDREZEPT

1. Butter, Pfeffer, Schalottenwürfel anschwitzen.
2. Eier trennen, Eiweiß salzen und schlagen.
3. Öl, Tabasco- und Worcestershiresauce ins Eigelb und schlagen.
4. Die Massen mischen.
5. Dünne Eimasse-Schicht in der Pfanne leicht stocken lassen, mit Spatel falten und nächste Schicht auf dem ganzen Pfannenboden verteilen, wieder falten et cetera.

Impressum

Projektleitung: Julie Kiefer
Lektorat: Susanne Philippi
Gestaltung und Layout: kral & kral design, Dießen am Ammersee
Fotografien: Robin Kranz
Herstellung: Andrea Cobré
Lithografie: Schnieber Graphik GmbH
Druck und Bindung: DZS, d.o.o., Ljubljana

FSC www.fsc.org
MIX
Papier aus verantwortungsvollen Quellen
FSC® C106600

Verlagsgruppe Random House FSC® N001967
Gedruckt auf FSC-zertifiziertem Papier *Profimatt*

Gedruckt in Slowenien

ISBN 978-3-7913-8573-0

www.prestel.de